UWE SOUKUP

Die Brandstiftung

UWE SOUKUP

DIE BRANDSTIFTUNG

Mythos Reichstagsbrand – was in der Nacht
geschah, in der die Demokratie unterging

HEYNE <

Sollte diese Publikation Links auf Webseiten Dritter enthalten, so übernehmen wir für deren Inhalte keine Haftung, da wir uns diese nicht zu eigen machen, sondern lediglich auf deren Stand zum Zeitpunkt der Erstveröffentlichung verweisen.

Bildnachweis: Alamy Stock Foto: 70 (War Archive); Bundesarchiv, Berlin: 36 (BArch, R 3003/20355), 45 (BArch, R 3003/20356), 128 (BArch, R 9361-III/53708); Bundesarchiv Koblenz: 55 (BArch ZSg 1-240/5); Imago: 149 (Wolf P. Prange); picture alliance: U1/U4 (United Archives); ullstein bild: 38, 69, 100, 101, 105 (ullstein bild), 126 (brandstaetter images); Walter Schmidt, NOVUM: 43

MIX
Papier | Fördert gute Waldnutzung
FSC® C014889

Penguin Random House Verlagsgruppe FSC® N001967

Originalausgabe 2023

Neumarkter Straße 28, 81673 München
Redaktion: Kerstin Lücker
Umschlaggestaltung: wilhelm typo grafisch unter Verwendung eines Fotos von picture alliance / United Archives
Satz: Satzwerk Huber, Germering
Druck und Bindung: Friedrich Pustet GmbH & Co. KG, Regensburg
Printed in Germany
ISBN: 978-3-453-21845-1

www.heyne.de

Es hat nämlich noch keiner, der die Macht durch
Verbrechen erlangte, sie zu guten Zwecken ausgeübt.

Tacitus

Inhalt

Einleitung

Am Abend des 27. Februar 1933 brannte der Berliner Reichstag. Noch in der gleichen Nacht begann der Nazi-Terror, der von da an über zwölf Jahre wütete und der die noch immer unfassbaren Verbrechen Hitler-Deutschlands erst ermöglichte. Hitler war der letzte Reichskanzler der Weimarer Republik und regierte zum Zeitpunkt des Brandes gerade mal vier Wochen; ein scheinbar normaler, ziviler Reichskanzler. Die Weimarer Republik fand nicht am Tag der Machtübertragung an Hitler ihr Ende, am 30. Januar 1933 – sondern am 27. Februar 1933, als in Berlin der Reichstag Opfer der Flammen und Hitler unumschränkter Diktator wurde.

In diesen ersten vier Wochen geschahen Dinge, die sich in der Rückschau kaum anders als eine systematische Vorbereitung auf den Tag des Reichstagsbrandes interpretieren lassen. Ständig wurden Zeitungen für Tage oder Wochen verboten und rechtlich höchst zweifelhafte »Notverordnungen« erlassen. Nur fünf Tage vor dem Reichstagsbrand hatten die Nazis, ein beispielloser Vorgang, SA, SS und den »Stahlhelm« zu einer »Hilfspolizei« aufgewertet; und schon in der Brandnacht zogen die SA-Horden durch die Städte, verhafteten nach Belieben, folterten die Gefangenen in ersten improvisierten KZs, mordeten. Auch das Ermächtigungsgesetz vom 24. März 1933 basierte letztendlich auf der Reichstagsbrandverordnung vom 28. Februar 1933.

Wir reden hier also nicht über eine Kleinigkeit. Die unglaublichen Verbrechen der Nazis, der millionenfache Mord an den Juden sowie der Vernichtungskrieg gegen die Sowjetunion konnten nur von einem Terrorregime verübt werden – und dieser Terror begann in der Nacht des Reichstagsbrandes. Dessen ungeachtet wählten mehr als die Hälfte der Deutschen am 5. März 1933, knapp eine Woche nach dem Brand, die Nazis *nicht*, und durchaus nicht alle Nazi-Wähler wären für einen »Feldzug gegen Russland« oder die millionenfache Ermordung der europäischen Juden zu gewinnen gewesen. Zwar hatte Hitler Absichten dieser Art in seinem Buch *Mein Kampf* formuliert, aber wer hatte das denn wirklich gelesen? Und konnte man das ernst nehmen?

Unbestritten und unbestreitbar ist die Tatsache, dass der Reichstagsbrand von den Nazis sehr effektiv genutzt wurde, um ihre Diktatur und damit ihren Terror zu installieren. Über die Frage aber, ob die Nazis den Brand, den sie so gut nutzten, auch selbst gelegt hatten, wird seit Jahrzehnten gestritten.

Während der zwölf Jahre des »Tausendjährigen Reiches« konnte in Deutschland über diese Frage nicht diskutiert werden; das versteht sich von selbst. Danach galt es als selbstverständlich, dass die Nazis, die so sehr von dem Großfeuer im Reichstag profitierten, es wohl auch selbst gelegt hatten. Allerdings hatte sich niemand die Mühe gemacht, den Vorgang wirklich zu erforschen.

Dann, Ende der Fünfzigerjahre, haben ein Beamter des niedersächsischen Verfassungsschutzes, das Nachrichtenmagazin *SPIEGEL* und später das Institut für Zeitgeschichte gemeinsam eine neue Theorie über die Entstehung des Reichstagsbrandes in die Welt gesetzt bzw. wissenschaftlich anerkannt, die, obwohl unbewiesen und unbeweisbar, bis heute von vielen Historikern als gesichert angenommen wird. Es ging, so viel sei vorweggenommen, dabei nicht ganz mit rechten Dingen zu, als das Institut für Zeitgeschichte die Arbeit des Verfassungsschutzbeamten Fritz Tobias im Jahr 1964 als historische Wahrheit erkannte.

In der Folge hat sich der weitaus größte Teil der Historiker, nicht nur in der Bundesrepublik, auf die vom renommierten Institut für Zeitgeschichte als historisch korrekt deklarierte Erkenntnis verlassen, ein halb blinder holländischer »Anarchist« oder »Rätekommunist«, so die üblichen Etikettierungen, hätte den Reichstag im Alleingang innerhalb weniger Minuten und ohne Helfer und Hilfsmittel in ein flammendes Inferno verwandeln können; die Nazis hätten damit, anders als in der damaligen Zeit von der Mehrheit der Bevölkerung angenommen, schlichtweg nichts zu tun gehabt.

Kritiker dieser Theorie werden seit Jahrzehnten als Lügner, Fälscher und Verschwörungstheoretiker abgetan. Zugegeben, nicht immer haben alle Kritiker der Alleintäterthese besonders klug agiert. Dennoch ist es an der Zeit, diese Theorie grundsätzlich infrage zu stellen und zu prüfen.

Ist es nicht vollkommen egal, so könnte man einwenden, wer den Reichstag angezündet hat? Welche Rolle spielt diese eine Sachbeschädigung angesichts des millionenfachen Judenmordes und der unvorstellbaren Gewaltakte deutscher Truppen während des Zweiten Weltkrieges? Das ist doch vor diesem Hintergrund vollkommen unerheblich. So argumentieren einige. Doch die Diskussion um den Reichstagsbrand hat Gewicht, denn, so wenden andere ein, es handelt sich um die folgenreichste Tat politischer Kriminalität in der Geschichte der Menschheit. Erst durch ihn wurde das Unmögliche möglich, das Unfassbare schreckliche Realität.

Der Terror des Nazi-Regimes begann, während der Reichstag noch brannte. Insofern ist die Frage durchaus relevant, ob die Nazis einfach nur die Gunst der Stunde genutzt haben, oder ob sie das Ereignis selbst herbeigeführt haben, das ihnen als Vorwand diente, um mit dem Reichstag auch die Republik zu verbrennen. Wäre dem so, hätten wir es mit einem Staatsstreich zu tun, mit einem Putsch der Regierung gegen das eigene Volk, gegen den Staat, gegen die Demokratie. Hatte Hitler nicht oft genug erklärt, dass er die Macht nie wieder hergeben würde, wenn er sie erst einmal in den Händen hielte? Spricht nicht alles dafür, dass mit dem Reichstagsbrand genau dieses Vorhaben umgesetzt werden sollte? Warum tappen wir nach nunmehr 90 Jahren in dieser grundlegenden Frage noch immer im Dunkeln? Tragen wir nicht eine Verantwortung dafür, zu verstehen und zu erklären, uns selbst und anderen, wie Kriminelle in der Rolle von Staatsmännern sich eben diese totale Macht aneigneten, die sie brauchten, um ihre verbrecherischen Ziele zu verfolgen?

Die Regierung schob den Reichstagsbrand den Kommunisten in die Schuhe, schließlich hatte man ja den »Kommunisten« Marinus van der Lubbe am Tatort verhaftet, und er hatte die Tat gestanden. Marinus van der Lubbe starb nur wenige Tage nach seiner Verurteilung unter dem Fallbeil, am 10. Januar 1934. Es mussten erst Gesetze geschaffen werden, die »hochverräterische Brandstiftung« nachträglich mit der Todesstrafe bedrohten. Im Prozess selbst machte Marinus van der Lubbe den Eindruck eines »blöde grinsenden Idioten« (Golo Mann) und konnte sich kaum aufrecht halten. Er war nicht verhandlungsfähig.

Schon damals, unmittelbar nach der Nacht vom 27. Februar 1933, wurde der Reichstagsbrand zum Gegenstand der ersten großen Aufsehen erregenden publizistischen Auseinandersetzung mit dem Nazi-Regime. Die Nazis erlitten dabei zunächst eine krachende Niederlage, die ihnen vor allem der gerade noch rechtzeitig emigrierte kommunistische Publizist Willi Münzenberg mit seinem *Braunbuch über Reichs-*

tagsbrand und Hitlerterror zufügte. Als Fritz Tobias Ende der Fünfzigerjahre mit der Aufarbeitung des Falls begann, gehörte es zu den von ihm später eingestandenen Absichten, tatsächliche oder angebliche Fälschungen des *Braunbuchs* als »kommunistische Propaganda« zu entlarven. Blieb bei diesem Vorhaben die historische Wahrheit auf der Strecke? Es ist an der Zeit, die Angelegenheit neu zu beurteilen.

1 Vor dem Brand

Bedingt durch grundlegend falsche Weichenstellungen nach dem Ersten Weltkrieg rollte der Zug der Weimarer Republik, weiterhin »Deutsches Reich« genannt, im Winter 1932/1933 endgültig auf ein totes Gleis. In den rund 14 Jahren ihrer Existenz gaben sich zwölf Reichskanzler, die 20 verschiedenen Kabinetten vorsaßen, die Tür der Reichskanzlei in die Hand. Kaum ein Kabinett hielt länger als ein halbes Jahr.

Der Weimarer Staat wurde, so der Historiker Golo Mann, »von Leuten regiert, die ihn nie gewünscht hatten, die nicht an ihn glaubten und auch wenn sie wohl oder übel im Sattel saßen, nach anderen, vielleicht doch besseren Pferden hinüberschielten.«

Der 13. Reichskanzler der Weimarer Republik hieß Adolf Hitler. Der greise Reichspräsident Paul von Hindenburg hatte ihn am 30. Januar 1933 ernannt. Die entscheidende Person, die im Hintergrund die Strippen zog und das Umfeld Hindenburgs für seinen Plan gewann, Hitler zum Reichskanzler zu machen, war Franz von Papen. Er fungierte als Vizekanzler und sah sich als den eigentlichen Machthaber. Auf die Frage, ob es nicht gefährlich sei, einen Mann wie Hitler zum Reichskanzler zu machen, antwortete von Papen: »Sie irren sich, wir haben ihn uns engagiert!«

Die Deutschnationale Volkspartei und der ihr nahestehende »Stahlhelm«, eine antidemokratische und antisemitische paramilitärische Organisation ehemaliger Frontsoldaten[1], stellten das Gros der Minister, obwohl sie bei der letzten Wahl im November 1932 einen viel geringeren Stimmenanteil als die NSDAP erhalten hatten. Viel wichtiger als die Mehrheit der Posten am Kabinettstisch waren für Hitler jedoch Macht und Titel des Reichskanzlers und die Kontrolle über sämtliche staatliche Waffengewalt im Lande. Hitler gab sich bescheiden: nur drei Ministerposten für ihn – aber die hatten es in sich: Zum Innenminister Wilhelm Frick gesellten sich der Minister ohne Geschäftsbereich, kommissarischer Innenminister Preußens und Reichstagspräsident – somit Bewohner des an den Reichstag angrenzenden Reichstagspräsidentenpalais – Hermann Göring sowie der Wehrminister General Werner von Blomberg, damals noch parteilos, der erst 1937 in die NSDAP eintrat, aber schon 1933 ein enger Vertrauter Hitlers war.

Der neue Reichskanzler konzentrierte sich auf die wesentlichen Bereiche, auf die es ankommt, wenn man einen Staat unter seine Kontrolle bekommen will. Sogenannte Schlüsselressorts wie Auswärtiges Amt, Finanzministerium, Justiz, Arbeit oder Wirtschaft überließ er dagegen dem deutschnationalen Koalitionspartner. Die Taktik war auch insofern genial, weil sie alle Skeptiker beruhigte; der Wolf hatte sich den sprichwörtlichen Schafspelz umgehängt, um das Etappenziel »Reichskanzlei« zu erreichen. Obwohl Hitler gar keinen Hehl daraus machte, dass er die Macht niemals wieder aus den Händen geben würde. In seinem Tagebuch nannte Goebbels die deutschnationalen Minister in Hitlers Kabinett einen »Schönheitsfehler«, der »ausradiert« werden musste.

»Kaum hatte Hitler seinen Amtseid auf die Verfassung abgelegt, ging er daran, sie zu zerstören«, schreibt Allan Bullock in seiner Hitler/Stalin-Doppelbiografie *Parallele Leben*. Sofort nach der Vereidigung des Hitler-Kabinetts am 30. Januar 1933 verbot Göring eine Kundgebung der Kommunistischen Partei, die sich gegen die Ernennung Hitlers zum Reichskanzler richtete.

In den ersten vier Wochen Hitlers als Reichskanzler geschahen ununterbrochen mit einem Rechtsstaat nicht zu vereinbarende Dinge, darunter mehrere Notverordnungen. In einer dieser Verordnungen, datiert vom 28. Februar 1933, aber schon tags zuvor beschlossen, wird für Landesverrat und den Verrat militärischer Geheimnisse die Todesstrafe angedroht. Ferner war die »Verbreitung staatsgefährlicher Nachrichten in der Auslandspresse und ihre Übernahme in die deutsche Presse in großer Aufmachung« nun ebenfalls strafbar, wie auch »die Aufforderung zum gewaltsamen Kampf gegen die Staatsgewalt und zum Generalstreik«.

Die Notverordnungen zielten darauf ab, Grundrechte einzuschränken und vor allem die – im weitesten Sinne – demokratischen Parteien in ihrer Tätigkeit zu behindern. Wozu, wie sich zeigen sollte, alle anderen Parteien außer NSDAP und DNVP gehörten; so wurden auch Wahlveranstaltungen der Zentrumspartei verboten.

In verblüffender Offenheit stellte Hermann Göring in einem polizeilichen Runderlass »zur Förderung der nationalen Bewegung« vom 17. Februar 1933 klar, er erwarte von der Polizei, dass sie »auch nur den Anschein einer feindseligen Haltung oder gar den Eindruck einer Verfolgung gegenüber nationalen Verbänden (S.A., S.S. und Stahlhelm) und nationalen Parteien unter allen Umständen zu vermeiden hat. (...) Dafür ist dem Treiben staatsfeindlicher Organisationen mit den schärfsten Mitteln entgegenzutreten. Gegen kommunistische Terrorakte und Überfälle ist mit aller Strenge vorzugehen und, wenn nötig, rücksichtslos von der Waffe Gebrauch zu machen. Polizeibeamte, die in Ausübung dieser Pflichten von der Schusswaffe Gebrauch machen, werden ohne Rücksicht auf die Folgen des Schusswaffengebrauchs von mir gedeckt; wer hingegen in falscher Rücksichtnahme versagt, hat dienstrechtliche Folgen zu gewärtigen.«

Zu bekämpfen habe man insbesondere »verbotene Demonstrationen, unerlaubte Versammlungen, Aufforderung zum Hoch- und Landesverrat, Massenstreik, Pressedelikte und das sonstige strafbare Treiben der Ordnungsstörer. Jeder Beamte hat sich stets vor Augen zu halten, dass die Unterlassung einer Maßnahme schwerer wiegt als begangene Fehler in der Ausübung.«

In diesem Erlass kündigen sich bereits viele der nun kommenden Dinge an. John Toland schrieb in seiner Hitler-Biografie über diesen Erlass: »Diese Anordnungen waren praktisch gleichbedeutend mit der Erklärung, dass Kommunisten, Marxisten und deren Sympathisanten nunmehr vogelfrei seien.« Versammlungen und Demonstrationen konnten jederzeit und vollkommen willkürlich verboten werden, ebenso Zeitungen, allen voran die *Rote Fahne*, gefolgt vom *Vorwärts*.

Originalton Göring: »Meine Maßnahmen werden nicht angekränkelt sein durch irgendwelche juristischen Bedenken. Hier habe ich keine Gerechtigkeit zu üben; hier habe ich nur zu vernichten und auszurotten, weiter nichts.«

Die neue Regierung der »nationalen Konzentration« übernahm auch die Macht im Land Preußen; als Reichskommissar bevollmächtigt wurde Vizekanzler Franz von Papen, der bereits im Sommer 1932, damals noch als Reichskanzler, den sogenannten Preußenschlag, die Absetzung der sozialdemokratisch geführten Regierung des zwei Drittel Deutschlands umfassenden Landes Preußen ausgeführt hatte. Ein verheerender Schlag nicht nur gegen die Sozialdemokratie, die Preußen viele Jahre lang vergleichsweise ruhig regiert hatte, sondern gegen die Republik schlechthin.

Am 22. Februar 1933 wurden SA, SS und Stahlhelm in den Status einer »Hilfspolizei« erhoben, ein unfassbarer Rechtsbruch. Die Ausführungsvorschriften wurden am 25. Februar, zwei Tage vor dem Reichstagsbrand veröffentlicht. Die neuen »Polizisten« erhielten eine Aufwandsentschädigung von drei Reichsmark täglich und wurden mit Gummiknüppel und Pistole bewaffnet – ein nie da gewesener und wahrhaft atemberaubender Vorgang: Die Schlägertrupps der »Bewegung« nahmen nun hoheitliche Aufgaben wahr. Ferner erhielten sie weiße Armbinden und einen Freifahrtschein – nicht nur für die öffentlichen Verkehrsmittel. Sie waren jetzt die neuen Herren der Straße.

Jedoch bekam die Nazi-Führung damit nicht automatisch Ruhe in die Reihen ihrer Partei und vor allem ihrer Schlägertrupps. Die fühlten sich stark und waren der Meinung, nicht jahrelang gekämpft zu haben, nur um zu erleben, dass ihr »Führer« die Parteiuniform auszieht und sich in eines dieser elenden Kabinette einbinden lässt, egal, ob nun als Kanzler oder nicht. Hier brodelte etwas – die Forderung der SA nach einer zweiten Revolution –, das erst im Sommer des darauffolgenden Jahres einer gewaltsamen und brutalen Lösung zustrebte, als Hitler die Führungsschicht der SA in einer »Nacht der langen Messer« eiskalt ermorden ließ. Der Vorgang ist bekannt unter dem Namen »Röhm-Putsch«, benannt nach dem SA-Führer Ernst Röhm, dessen vermeintlichem Putsch Hitler vorgab, zuvorkommen zu müssen. Wir werden auf diese unglaublichen Ereignisse zum gegebenen Zeitpunkt zurückkommen.

Ein Verbot der KPD, das der durch und durch antidemokratische Zeitungsverleger und Reichswirtschaftsminister Alfred Hugenberg, wie von Papen ein Totengräber der Weimarer Republik, in der ersten Kabinettssitzung gefordert hatte, wurde nicht beschlossen. Die Begründung findet man in einem Tagebucheintrag von Joseph Goebbels vom 31. Januar 1933: Zunächst müsse man den »Terror der Roten«, so wörtlich, »aufbrennen lassen«. Dann könne man umso besser zuschlagen.

Am 24. Februar 1933, drei Tage vor dem Reichstagsbrand, wurde das Karl-Liebknecht-Haus, Sitz der KPD-Zentrale, durchsucht und besetzt. Man habe tonnenweise Propaganda-Material beschlagnahmt und Pläne für einen Aufstand vorgefunden, verkündete Göring. Das Haus wurde geschlossen, und schon bald nach dem Reichstagsbrand übernahm die SA das Gebäude und nannte es, natürlich, Horst-Wessel-Haus. Das angeblich vorgefundene verräterische Material, obwohl sensationsheischend angekündigt, erblickte nie das Licht der Öffentlichkeit.

Eine erste Durchsuchung des Karl-Liebknecht-Hauses hatte es schon am 2. Februar gegeben. Da das eigene Haus nicht mehr zur Verfügung stand, hielt die KPD wichtige Besprechungen verstärkt im Reichstag ab. Am 17. Februar folgte eine Durchsuchung der Fraktionsräume der KPD im Reichstag, unter Missachtung der parlamentarischen Immunität. Der KPD-Fraktionsvorsitzende Ernst Torgler wurde später als Brandstifter im Reichstagsbrandprozess angeklagt, einzig und allein, weil er am Abend des Brandes noch im Reichstag, immerhin sein Arbeitsplatz, gesehen worden war.

In den vier Februarwochen des Jahres 1933 gab es in und bei Berlin auffällig viele Brandstiftungen. An nur einem einzigen Tag brannten Dachstühle in den Bezirken Schöneberg, Tempelhof und Lichtenberg. Die Löschmannschaften mussten wegen Erschöpfung ausgetauscht werden. Am 21. Februar brannte mitten in der Nacht eine Metallfabrik in Luckenwalde ab. Ein weiteres Feuer in der darauffolgenden Nacht betraf ein Kino im Ortsteil Johannisthal, unweit des dortigen Flugfeldes. Es handelte sich um einen Kinosaal mit rund 600 Plätzen, also in der Größe mit dem Plenarsaal des Reichstages vergleichbar. Es ist bekannt, dass die SA schon seit Monaten mit selbstentzündlichen Chemikalien experimentiert hatte. Diese phosphorhaltigen Flüssigkeiten wurden auf gegnerische Wahlplakate aufgetragen, die dann, nachdem die flüchtigere Flüssigkeit verflogen war, plötzlich wie von Zauberhand – durch den Kontakt mit Sauerstoff – zu brennen anfingen. Der Brand im Johannisthaler Kinosaal, fünf Tage vor dem Reichstagsbrand, ließ sich nur schwer löschen; immer wieder flackerten neue Feuer auf. Merkwürdig war, dass der Brand nur im Saal wütete; Filmprojektoren und Filme blieben erhalten. Das erinnert an die (wenig bekannte) Tatsache, dass im Reichstag im Wesentlichen nur der Plenarsaal brannte; dieser war vollkommen zerstört, während das sonstige Gebäude weiterhin benutzt werden konnte (selbst der Reichstagsbrandprozess im Herbst 1933 fand in Teilen in einem anderen Saal des Reichstages statt). Die Ermittlungen betreffend den Kinobrand wurden nach wenigen Tagen eingestellt. War dieser Brand im Johannisthaler »Film-Stern« die Generalprobe für den Reichstagsbrand? Wir werden das nie erfahren.

Zu der »revolutionären« Unruhe in den Reihen der SA kamen die Spannungen mit Franz von Papen im Kabinett der nationalen Konzentration. Die SA drängte von der einen Seite, von Papen versuchte von der anderen, Hitler zu kontrollieren. Hitler und von Papen hatten eine Wette abgeschlossen, von der anfangs nicht klar war, wer sie gewinnen würde. Franz von Papen glaubte ja nicht nur, Hitler »eingerahmt« und »engagiert« zu haben, er prophezeite sogar, ihn innerhalb eines halben Jahres so sehr »in die Ecke« drücken zu können, dass er »quietscht«. Ein krasser Irrtum. Hitler hatte

Millionen Wähler, die Partei und die Gewalt seiner SA- und SS-Horden hinter sich. Von Papen hatte kaum Wähler, keine Partei (die Zentrumspartei hatte er verlassen, bevor diese ihn ausschloss) und nur den alten Hindenburg hinter sich.

Von Papen glaubte, »nichts geringeres als ein politisches Meisterstück« abgeliefert zu haben; so formuliert es Joachim Fest in seiner Hitler-Biografie. Der Coup, Hitler zu »seinem« Kanzler zu machen, befriedigte nach Fests Meinung von Papens Ehrgeiz als Politiker, bändigte Hitler und holte ihn in die Verantwortung, ohne ihm den Staat auszuliefern. Hitler dürfe sich nur in seinem Beisein mit dem Reichspräsidenten besprechen; auch das hatte von Papen durchgesetzt. Und das sollte eine Sicherung sein?

Hitler habe, so Fest, die ihm zugedachte Rolle des »Scheinkanzlers« von Anfang an erfasst und versuchte sofort, dem mit seiner Forderung nach sofortigen Neuwahlen zu begegnen. Das erste Kabinett Hitler sei ein »System überkreuzlaufender Hintergedanken« gewesen. Am Ende konnte von Papen froh sein, die Nacht der langen Messer (1934) mit dem die Dinge grob verzerrenden Titel »Röhm-Putsch« überlebt zu haben.

Rückblickend schrieb von Papen 1951 in seinen Erinnerungen, er habe nicht gesehen, »daß Hitler nach uneingeschränkter Macht strebte und man diesem Streben nur mit Anwendung gleicher Mittel begegnen konnte. Unserem Denken und unserer Erziehung waren Mittel, wie sie die Partei [gemeint ist die NSDAP – U.S.] im Laufe der nächsten anderthalb Jahre anwandte, fremd.«

Man könnte lachen, wenn es nicht so traurig wäre. Die Formulierung »anderthalb Jahre« deutet auf den Röhm-Putsch hin, jenes Massaker an der SA-Führung Ende Juni/Anfang Juli 1934, bei dem auch enge Mitarbeiter von Papens liquidiert worden waren. Dieses Ereignis, als Hunderte widerwärtige

Mörder von nicht weniger widerwärtigen Mördern beseitigt wurden, ist, nebenbei bemerkt, ein erstaunliches Forschungsdesiderat der deutschen Historiografie, oder, anders gesagt, im doppelten Sinne ein großes schwarzes Loch.

In dem Zweikampf Hitler gegen von Papen erwies Hitler sich schnell als der haushoch Überlegene. Schon vor dem Brand des Reichstages und dem darauf folgenden staatlichen Terror hatte von Papen dem Treiben Görings nichts mehr entgegenzusetzen. Göring schob den als Reichskommissar für Preußen formal Mächtigeren von Papen einfach zur Seite.

»Franz von Papen«, schrieb Golo Mann in seiner *Deutschen Geschichte des 19. und 20. Jahrhunderts*, hatte »mutwillig den letzten Deich gesprengt. Jetzt stemmte er sich gegen die eigene Tat, hielt den Regenschirm mit Silberknauf den eindringenden trüben, reissenden Wassern entgegen; die aber um so eleganten Widerstand sich gar nicht kümmerten.« 1934 entsorgte Hitler Franz von Papen, der 1938 sogar in die NSDAP eintrat, in den diplomatischen Dienst nach Wien, später nach Ankara.

Auch Franz von Papen hatte mit der Republik wahrlich nichts am Hut. Er benutzte sie für seine persönlichen Machtinteressen; seine »Machtbasis« war sein gutes Verhältnis zu Hindenburg. Nicht nur Hitler und Göring, auch von Papen war ganz selbstverständlich davon ausgegangen, dass es sich bei den Reichstagswahlen vom März 1933 um die letzte Wahl handeln würde.

Die NSDAP kurz vor der Spaltung

Dabei schienen die Zeichen kurz zuvor, noch im Herbst 1932, ganz anders zu stehen. Hitler hatte 1932 mehrmals vehement abgelehnt, als »Juniorpartner«, also als Vizekanzler in eine Regierung einzutreten. Die NSDAP geriet über diese Frage in ihre schwerste Krise seit dem Verbot der Partei nach dem gescheiterten Hitler-Ludendorff-Putsch von 1923. Bisher war es immer aufwärts gegangen; erst langsam, dann immer schneller. Im Sommer 1932 stellte die NSDAP die stärkste Fraktion im Reichstag, doch bei der Reichstagswahl im November desselben Jahres hatte sie schon wieder zwei Millionen Stimmen verloren. In Thüringen büßte die NSDAP bei einer Gemeinderatswahl sogar 40 Prozent ihrer Stimmen ein. Der Zenit der »Bewegung« schien bereits überschritten.

Die Partei war außerdem hoffnungslos überschuldet. Hitler unterschrieb Schuldverschreibungen, die für ihn so oder so unwichtig waren. Würde er gewinnen, wäre er in der Lage, sie zu bezahlen; wenn nicht, dann wäre es sowieso egal. Trotz aller Not nahm Hitler Angebote von deutschnationalen Politikern, als Vizekanzler in eine Rechts-Regierung einzutreten, nicht an. Er blieb bei seiner »Alles-oder-nichts«-Taktik, die in der Partei nicht von allen geteilt wurde; Austritte häuften sich.

Hintergrund dieses Vorgangs, der Hitler in Schwierigkeiten brachte, war der Versuch des nur 56 Tage regierenden Reichskanzlers General von Schleicher, Teile aus der NSDAP herauszubrechen und in seine Regierung einzubauen. Seine Idee einer Regierung quer durch das politische und gesellschaftliche Spektrum unter Einbeziehung auch der Gewerkschaften, also eine Art Querfront, brachte ihm den Ruf ein, der »soziale General« zu sein. In seinem Kabinett war der

Posten des Vizekanzlers unbesetzt geblieben; von Schleicher hatte ihn für den Reichsorganisationsleiter der NSDAP, Gregor Strasser, reserviert.

In dieser Situation entluden sich Spannungen zwischen einem eher »linken« und einem rechten Flügel der NSDAP; Spannungen, die angesichts der Frage, ob Strasser den Posten des Vizekanzlers annehmen sollte, um ein Haar zur Spaltung der NSDAP geführt hätten. Schließlich setzte sich Hitler nach heftigen Auseinandersetzungen durch, und Strasser, ein Nazi fast der ersten Stunde, der »durch und durch Rassist« war und der »vor Gewalt nicht zurückschreckte«, so Ian Kershaw in seiner Biografie *Hitler*, gab entkräftet auf. Strasser »war keine Randfigur, und sein Beitrag zur Entwicklung der NSDAP wurde nur von dem Hitlers übertroffen. Vor allem die Organisation der Partei war sein Werk«, so Kershaw weiter, und: »Im allgemeinen galt Strasser als die rechte Hand Adolf Hitlers.« Sein »Rücktritt von allen Parteiämtern am 8. Dezember 1932 war eine Sensation.« Hitler und die NSDAP schienen geschwächt.

Die Quittung für ihr Verhalten erhielten Strasser ebenso wie von Schleicher in der Nacht der langen Messer im Juni 1934: Sie wurden von der SS erschossen. Göring schrieb über Strassers Versuch, möglicherweise sogar an Hitler vorbei in eine Regierung einzutreten: »Eine Bewegung wie unsere kann viele Dinge verzeihen, aber nicht Treulosigkeit gegenüber dem Führer.« Goebbels nannte Strasser bereits 1932 einen »toten Mann«. So ist es dann ja auch gekommen.

Gregor Strasser kannte die Stimmungen innerhalb der Partei und hatte ständig Feuerherde innerhalb der NSDAP zu löschen; er nannte sich selbst den »Abortreiniger« der Partei. Er stand anfangs mehr als andere, auch mehr als Hitler, für die Buchstaben A und S im Namen der NSDAP, also A für Arbeiterpartei und S für sozialistisch. Gregor Strassers Bruder Otto, der schon früher mit der NSDAP, aber auch mit seinem Bruder gebrochen hatte, nannte die Nazi-Bewegung 1969 in seinem Buch mit dem etwas geschmacklosen Titel *Mein Kampf* »das Symbol einer sozialen Revolution, die 1918 gewollt war, aber versäumt worden ist. (...) Es ist dumm von unserer Linken, diese Bewegung als reaktionär abzutun.« Sie sei »nicht reaktionär, gleich, wie viele Reaktionäre« mitschwämmen. Der Nationalsozialismus sei eben »Deutschlands Schicksal. Die Tragik ist, daß Hitler an der Spitze steht und diesen gewaltigen Strom in die Irre lenkt.« Über seinen Bruder Gregor schreibt Otto Strasser, dieser sei der »große, einzig wirkliche Gegenspieler Hitlers« gewesen, »auf den Millionen Deutsche ihre Hoffnungen gesetzt hatten«. Beobachter schätzten ein, dass ein nicht unbeträchtlicher Teil der NSDAP-Reichstagsfraktion für Strasser als Vizekanzler gestimmt hätte, demnach für Schleicher als Kanzler. Die Frage: »Was wäre wenn?« liegt hier nahe. Aber: Es gibt nun mal keine Geschichtsschreibung im Konjunktiv.

Für die Geschehnisse um den Reichstagsbrand ist dabei von Bedeutung, dass es – gerade in Berlin – Milieus gab, in denen es keine genaue Trennung gab zwischen Leuten, die sich eher als »links« verstanden, aber auch mit den Nazis sympathisierten, weil deren Partei sich immerhin national*sozialistisch* und *Arbeiter*partei nannte; die Fahne war rot, wenn auch mit weißem Kreis und Hakenkreuz. Ob nun bewusst so konzipiert oder nicht, die NSDAP war eine attraktive Alternative für von der SPD und der KPD (und dem ewigen Streit zwischen beiden) enttäuschte Arbeiter. Van der Lubbe, so viel sei hier vorweggenommen, hat sich in den Tagen vor der Brandstiftung nachweislich in genau diesem Milieu bewegt.

Gregor Strasser repräsentierte also in den ersten Jahren so etwas wie den »linken« Flügel der NSDAP. Die Parteiführung konnte mit derlei sozialistischem Erbe – obwohl sie es im Namen trug – nichts anfangen; man war längst abhängig von Großspenden aus der Industrie. Die waren zuletzt ausgeblieben; die Partei war pleite. In den kurzen und kurz aufeinander folgenden Wahlkämpfen hatte Hitler unter anderem, um täglich auf mehreren Veranstaltungen sprechen zu können, von der Lufthansa ein Flugzeug mitsamt Piloten gemietet. Für den nun anstehenden Wahlkampf, nachdem Hitler bereits Kanzler geworden war, fehlte das Geld.

Göring versprach anlässlich einer Art Geberkonferenz mit Großindustriellen, dass die kommenden Wahlen die letzten in zehn, vielleicht in hundert Jahren sein würden. Die NSDAP erhielt daraufhin Großspenden aus der Industrie in der für damalige Verhältnisse unfassbaren Höhe von drei Millionen Reichsmark. In Hitler konnte man nun wieder investieren.

Aber noch kurz zuvor, im Herbst 1932, schien Hitler am Ende seiner wilden Karriere angelangt. Aus diesen Tagen stammt der viel zitierte Satz, er würde, wenn die Partei zerfalle, innerhalb von wenigen Minuten sein Leben mit der Pistole beenden. Dazu kam es nicht. Vielmehr zahlte sich Hitlers Strategie des Alles-oder-Nichts aus: Er wurde Kurt von Schleichers Nachfolger in der Reichskanzlei.

Ein anderes Problem entwickelte sich für Hitler an einer kaum noch zu erwartenden Front: Angesichts des sich mehr und mehr steigernden Nazi-Terrors begannen SPD und KPD, vorsichtig aufeinander zuzugehen. In den 14 Jahren der Weimarer Republik war das undenkbar; zu tief saß der Hass aufeinander in beiden Parteien. Diese furchtbare Geschichte kann nicht in drei Zeilen beschrieben werden, dazu ist sie zu kompliziert, aber auch zu wichtig. Es ist das folgenreichste Drama der deutschen Geschichte des 20. Jahrhunderts.

Die Spaltung der Arbeiterbewegung

Der Hass zwischen Kommunisten und Sozialdemokraten war Folge des Bürgerkrieges in Deutschland nach der Revolution am Ende des Ersten Weltkrieges. Diese Revolution im November 1918 war eine Friedensrevolution, getragen von ur-sozialdemokratisch geprägten Arbeitern und Angestellten. Die KPD gab es noch nicht; sie wurde erst Ende Dezember 1918 gegründet. Eine sozialdemokratische Friedensrevolution also, die allerdings einen Haken hatte: Die Führung der SPD hatte den Krieg mitgetragen; Hunderttausende sozialdemokratischer Mitglieder oder Anhänger, die nun dem Kaiser und seinen Militärs zu dienen hatten, fielen im Krieg – und von denen, die übrig blieben, wandten sich viele enttäuscht von ihrer Partei, der SPD, ab. Die SPD verlor durch ihre Kriegspolitik auf die eine oder andere Art Millionen Mitglieder. Dennoch gelangte die SPD auf der Welle der Revolution ihrer Anhänger 1918 bis in höchste Ämter der jungen Weimarer Republik, ja, es schien für den Moment sogar ihre ureigenste Republik zu sein, die da entstand. Vor dem Ersten Weltkrieg war die SPD die größte revolutionäre Partei Europas. Nicht so *nach* dem Ersten Weltkrieg. Da versuchte die SPD, einen Staat zu errichten, der die alten Eliten in Politik, Militär, Wirtschaft, Verwaltung und Justiz einbezog.

Die Gründer der KPD hingegen waren nicht nur Kritiker der SPD-Politik, sie waren allesamt ehemalige SPD-Mitglieder, die ihren revolutionären, sozialdemokratischen Überzeugungen treu geblieben waren. Sie sahen sich als die eigentlichen Sozialdemokraten, weil sie am Nein zum Krieg und an der marxistischen Weltanschauung festgehalten hatten. Die SPD bezichtigten sie ob ihrer Politik des Burgfriedens als Verräter. Zumal die SPD, als sie nach dem Krieg an die Macht kam, zwar die alten Eliten einband, die sie früher selbstverständlich bekämpft hatte, die »Revoluzzer« jedoch, die eigenen (ehemaligen) Mitglieder und Anhänger nicht nur außen vor ließ, sondern bekämpfte – mithilfe der alten Elite.

Diese Politik führte zu den Morden an Rosa Luxemburg und Karl Liebknecht, die, damals ahnte, heute weiß man es, unter Mitwirkung des sozialdemokratischen Wehrbeauftragten Gustav Noske begangen wurden.

Der Mord an Liebknecht und Luxemburg beraubte die KPD nicht nur ihrer weithin anerkannten Führungspersönlichkeiten, sondern erzeugte auch einen wilden Hass der Kommunisten auf die SPD. Eine zukünftige Zusammenarbeit war somit ausgeschlossen. Gleichzeitig waren die Morde an Luxemburg und Liebknecht der Auftakt zu einem blutigen Bürgerkrieg, der seinen absurden Höhepunkt 1920 nach dem Kapp-Putsch hatte, als die SPD-Regierung das Militär auf streikende Arbeiter losließ. Auf genau die Arbeiter, die gerade *für* die SPD-Regierung und *gegen* die Reichswehr gestreikt und gekämpft hatten, um sie – trotz aller Enttäuschung – vor dem putschenden Militär zu schützen. Das alles lässt sich in Sebastian Haffners – vielleicht wichtigstem – Buch, jenem über die *Deutsche Revolution 1918/1919* nachlesen. Aus diesem Buch stammt auch der Satz: »So endete der Kapp-Putsch: mit einem mörderischen Strafgericht der immer noch sozialdemokratisch geführten Regierung über ihre Retter, ausgeführt von denen, vor denen sie gerettet worden war.«

So brachte sich die SPD in ein Dilemma, dessen dramatische Folgen erst mit der Zeit sichtbar wurden. Ohne eine Verständigung mit den sich inzwischen Kommunisten nennenden ehemaligen Sozialdemokraten hatte auch die gemäßigte Linke auf Dauer in der Weimarer Republik keine Chance. Ihr fehlte die gesellschaftliche, ja, man könnte fast sagen: die revolutionäre Grundlage. Die SPD hatte sich ihrer eigenen gesellschaftlichen Machtbasis beraubt. Denn waren es nicht ihre Anhänger, die diese Republik – durch eine Revolution – geschaffen hatten? Waren nicht sie es, die über Jahrzehnte für die soziale Demokratie gestritten, sie sich gewünscht und ersehnt hatten? Und wer hatte sie zu verhindern versucht? Durch die Spaltung der SPD entstand die viel zitierte »Republik ohne Republikaner«, ein Problem, das die Partei selbst nicht lösen konnte.

Golo Mann, der brillante Geschichtserzähler, hat diesen für Deutschland und die Welt so schicksalhaften Vorgang des nahezu vollständigen Scheiterns der Deutschen Revolution nicht verstanden, wenn er über Noske schreibt, »er war ein kräftiger, praktischer Mann und hatte das Herz auf dem rechten Fleck. (...) Fehler mag er gemacht haben, aber einen besseren Mann, den Generalstab zu kontrollieren, nachdem man nun einmal mit ihm paktiert hatte, besaß die Republik nicht.« Dieser Pakt, von dem man wünschte, dass er nie existiert hätte, war eine logische Folge der Zusammenarbeit der SPD mit dem kaiserlichen Deutschland und der deutschen politischen, militärischen sowie wirtschaftlichen Elite, die für Millionen Tote in dem bis dahin schrecklichsten Krieg in der Geschichte der Menschheit Verantwortung trug.

Die vor dem Krieg nicht erwartbare Zusammenarbeit der SPD mit dem kaiserlichen Deutschland, ihr Pakt nach dem Krieg mit den alten Eliten, nunmehr allerdings ohne Kaiser, schloss die eigentlichen Träger der Revolution von der Möglichkeit aus, den erhofften neuen Staat, den die Anhänger der

Sozialdemokratie, inklusive der späteren Kommunisten, am 9. November 1918 ausgerufen hatten, nun auch mit Leben zu füllen. Wobei die selbst gewählte Isolation der KPD durch die Entscheidung, an den ersten demokratischen Wahlen im Januar 1919 nicht anzutreten, ihr Übriges tat, wie auch die nahezu totale spätere Kontrolle der KPD durch die Sowjetunion.

Golo Mann bestreitet schlichtweg, dass es in Deutschland überhaupt eine Revolution gegeben habe, eine Aussage, der Sebastian Haffner in seinem Revolutionsbuch heftig widerspricht, jedoch ohne ihn zu erwähnen. Golo Mann hatte geschrieben: »Die Ereignisse des November waren nicht *gemacht* worden, am wenigsten von jenen, die sich dann wohl oder übel an ihre Spitze stellten und sie übernahmen. Sie waren ein Zusammenbruch, unvorhergesehen und unerwünscht, keine gemachte, schöpferisch geleitete Revolution.« Aber wer hat sich, so fragt man sich, an welche Spitze gestellt? An die Spitze des Zusammenbruchs? Das ist offensichtlich Unsinn, und gemeint ist hier natürlich die Sozialdemokratie; niemand sonst hat sich in diesen Tagen an eine Spitze gestellt, nur die SPD-Führung an die Spitze der Revolution – allerdings, um sie zu ersticken.

Den Sozialdemokraten gedankt haben die alten Eliten ihre Rettung durch die SPD-Führung übrigens nie. Die SPD, das waren die oft als »vaterlandslose Gesellen« betitelten, ein absurder Vorwurf. Dass sich die SPD während der 14 Jahre der Weimarer Republik ununterbrochen als Vaterlandsverräter und Dolchstoßmörder beschimpfen lassen musste, zeigt nicht weniger als die politische Dummheit und unendliche Verblendung großer Teile des deutschen Bürgertums, das die Niederlage im Krieg nicht verstanden und vor allem nicht verwunden hatte. Genau darin lag aber der Keim zur Fortsetzung dieses Krieges – im Zweiten Weltkrieg.

Die Weimarer Republik war von Beginn an ein windschiefes Haus, in dem man ununterbrochen rutschte und das nur eine Richtung kannte: nach rechts-unten. Die letzten drei Reichskanzler, von Papen, von Schleicher und schließlich Hitler, wetteiferten am Ende nur noch um die Frage, durch wen, wann und auf welchem Wege man den lästigen Parlamentarismus ein für alle Mal beseitigen könnte. Was für ein trübes Ende, 14 Jahre nach dem hoffnungsvollsten Neuanfang, der spontanen Revolution von 1918, den man sich nur vorstellen kann.

Eine Kooperation der beiden, seit der Revolution am Ende des Ersten Weltkrieges hoffnungslos verfeindeten Arbeiterparteien SPD und KPD war nun, im Frühjahr 1933, eine letzte Chance, die Hitler-Diktatur zu verhindern. Eine wiederhergestellte Einheit, ein Generalstreik, möglicherweise ein Bürgerkrieg (was allemal besser gewesen wäre als die totale Nazi-Herrschaft mit all ihren Folgen, dem Zweiten Weltkrieg, der Judenverfolgung) – niemand kann sagen, welche Möglichkeiten sich hier aufgetan hätten, Hitler noch zu stoppen. Das erste Treffen beider Parteien war für den 28. Februar 1933 angesetzt, morgens 9 Uhr, im Reichstag. Zu spät. Wenige Stunden zuvor brannte der Reichstag – und der Terror nahm seinen Lauf.

Kommen wir zurück zur Situation der Nazi-Regierung im Februar 1933. Noch gab es das Parlament, noch gab es den Reichspräsidenten, noch gab es den scheinbar übermächtigen Koalitionspartner, noch gab es (linke) Parteien, und es drohte eine gemeinsame Opposition der Arbeiterparteien angesichts der ersten Wochen des beständig zunehmenden staatlichen Terrors. Die Parteibasis und die SA drängten darauf, nun endlich Schluss zu machen mit Linken und Intellektuellen, mit der Wählerei und dem Parlamentarismus. Um aus all diesen widersprüchlichen Bedrohungen herauszukommen, fehlte ein Anlass, all diese Probleme mit Gewalt zu lösen und der Republik den Todesstoß zu versetzen; ein allgemein akzeptierter Anlass, ein Ereignis, das die Regierung zum »schärfsten Vorgehen« berechtigt, sie in der öffentlichen Wahrnehmung geradezu dazu »zwingt«. Es gab Vermutungen, dass es ein fingiertes Attentat auf Hitler geben könnte, um diesen Anlass zu schaffen. Doch in der fünften Woche der Kanzlerschaft Hitlers sollte ein ganz anderes Ereignis den Nazis die Tür zur totalen Herrschaft, zu Terror, Krieg und Judenverfolgung öffnen: Der Brand des Reichstages am 27. Februar 1933.

2 Das große Feuer

Es gibt nicht viele gesicherte Tatsachen betreffend die Ereignisse im Reichstag am Abend des 27. Februar 1933. Fest steht im Grunde nur, dass es gebrannt hat und Marinus van der Lubbe vor Ort mit nacktem Oberkörper verhaftet wurde. Das Feuer, das im Plenarsaal ganz andere Ausmaße annahm als im Rest des Gebäudes, hatte nach wenigen Minuten zu einer Explosion geführt. Sehr viel mehr wissen wir nicht, es sei denn, man verlässt sich auf die Aussagen van der Lubbes.

Die Anklageschrift des Reichsgerichtes 1933 wie auch sämtliche Reichstagsbrandforscher gehen davon aus, dass van der Lubbe kurz nach 21 Uhr in das Gebäude eingestiegen ist. Ein Autor benennt relativ willkürlich 20.59 Uhr als Zeitpunkt, wohl um noch etwas mehr Zeit für den Einzeltäter und seine verschlungenen Wege herauszuschlagen. Es gibt auch die Zeitangabe 21.08 Uhr, aber darauf kommt es im Grunde nicht an, weil es nicht darum gehen kann, »mit exakten Uhrzeiten, Zeugenangaben über genaue Uhrzeiten und detaillierten Annahmen über die für gewisse Abläufe notwendigen Zeiträume zu argumentieren. Bereits eine einzige falsche, fehlerhafte oder unvollständige Zeugenaussage, Annahme oder Eintragung in einem Protokollbuch sowie eine einzige falsch gehende Uhr kann eine ganze Berechnung zu Fall bringen«, wie es Marcus Giebeler 2010 in seiner höchst lesenswerten Studie über *Die Kontroverse um den Reichstagsbrand* ausführt.

Es kommt vielmehr auf das schlüssige Gesamtbild an; da spielen fünf oder acht, selbst 15 Minuten Differenz keine allzu

Der Unterschied zwischen dem zerstörten Plenarsaal und dem nahezu unbeschädigten Vorraum ist offensichtlich

große Rolle. Viel entscheidender ist, festzustellen, dass der »Rekordlauf« van der Lubbes (so Hans Mommsen) einen relativ engen zeitlichen Rahmen hatte, der durch den Einstieg van der Lubbes in den Reichstag, das explosionsartige Aufflammen des Feuers im Plenarsaal wenige Minuten vor 21.30 Uhr und der in etwa zur gleichen Zeit stattfindenden Festnahme van der Lubbes im Reichstag gesteckt wird. In dieser relativ kurzen Zeit also müsste der Alleintäter Marinus van der Lubbe in das Reichstagsgebäude eingestiegen, viele kleine Brände gelegt und *am Ende seines Laufs* im Plenarsaal ein Großfeuer erzeugt haben, das sich in kürzester Zeit zu einem Großbrand entwickelte und zur Explosion führte. Es wird im

Verlauf dieser Untersuchung darauf ankommen, die Fakten zu prüfen, die der behaupteten Alleintäterschaft van der Lubbes zugrunde liegen, und zwar auf ihre Glaubwürdigkeit und vor allem die Frage, ob sich das Ganze so abgespielt haben kann, wie es behauptet wird.

Bevor wir uns nun in das Dickicht begeben, das die verschiedenen Theorien über die Entstehung des Reichstagsbrands mittlerweile erzeugt haben, sollten wir kurz innehalten und uns klarmachen, dass wir es mit einer Fülle von Details, aber auch mit einer noch größeren Anzahl von unbewiesenen oder nur scheinbar bewiesenen Behauptungen zu tun haben werden. Versuchen wir also, einige Schneisen in dieses Dickicht zu schlagen.

Es gibt in der Diskussion um den Reichstagsbrand im Wesentlichen drei »Parteien« oder Lager. Da sind zunächst die Nazis selbst und deren damalige Behauptung, die Kommunisten hätten den Reichstag angezündet, um ein »Fanal für einen kommunistischen Aufstand« zu setzen. Dass diese propagandistische Darstellung durch die Nazis offensichtlicher Unsinn ist, liegt auf der Hand, denn weder gab es irgendwelche Vorbereitungen für einen Aufstand, noch war die KPD dazu in der Lage. Nahezu wehrlos ließen sich etliche kommunistische Funktionäre verhaften, wurden im Schlaf überrascht oder begaben sich freiwillig und mit anwaltlicher Begleitung in die Hände der Polizei, wie der KPD-Fraktionsvorsitzende im Reichstag, Ernst Torgler – um seine Unschuld oder sein reines Gewissen zu beweisen. Sieht so ein »Aufstand« aus?

Zur Ausschmückung dieser Aufstands-Legende durch die Nazis gehört, dass eben dieser Ernst Torgler auf der Stelle festgenommen wurde und die nächsten Monate in Haft verbrachte. Als Mitangeklagter im Reichstagsbrandprozess musste

Der zerstörte Plenarsaal

er um sein Leben fürchten. Ergänzt wurde die »kommunistische Brandstifter-Bande« um drei bulgarische Kommunisten, derer die Nazis mehr oder weniger zufällig habhaft wurden, unter ihnen der spätere Komintern-Chef und bulgarische Ministerpräsident Georgi Dimitroff. Man muss sich heute nicht mehr ernsthaft mit dieser Propagandalüge der Nazis auseinandersetzen, die dem Zweck diente, die Abschaffung bürgerlicher Rechte, der Parteien, der freien Presse, ja, des gesamten »Systems«, wie viele damals verächtlich über die Republik sprachen, zu begründen und zu rechtfertigen – und zwar unabhängig davon, ob die Nazis den Reichstag selber angezündet haben oder tatsächlich Marinus van der Lubbe allein.

Das zweite Lager wiederum beschuldigt seit Jahrzehnten die Nazis, den Brand im Reichstag selber gelegt und ihn den Kommunisten in die Schuhe geschoben zu haben, um freie Hand zu bekommen, die noch vorhandenen Reste des Rechtsstaats abzuschaffen, Andersdenkende zu verfolgen und die totale Diktatur zu errichten. Zu dieser These gehört auch, dass Marinus van der Lubbe den Reichstag nicht allein angezündet habe, sondern von den Nazis in unbekannter Weise manipuliert wurde, an der Brandstiftung mitzuwirken und hinterher, warum auch immer, die alleinige Verantwortung für das Feuer zu übernehmen.

Diesen beiden Lagern ist trotz der unterschiedlichen Zielrichtungen ihrer Beschuldigungen gemein, dass sie von einer Gruppe von Tätern ausgehen. Beide Theorien stützen sich auf ähnliche Argumente, was nicht verwundert, weil die Nazis ja alles Interesse daran hatten, dass das, was sie möglicherweise selbst inszeniert hatten, nach »bolschewistischem Terror« aussehen sollte. Demnach war es möglichen SA-Tätern sogar recht, Spuren zu hinterlassen, die auf mehrere Täter hinwiesen, weil dieses die Legende vom »kommunistischen Aufstand« zu untermauern schien. Van der Lubbe, so hieß es, wurde nicht als Alleintäter verurteilt, die anderen Täter seien eben entwischt, oder man konnte ihnen die Tatbeteiligung nicht nachweisen. Hitler selbst nannte das Ergebnis des Prozesses, der sich »wochenlang hingeschleppt« habe, »lächerlich«. Es war den Nazis sehr unangenehm, dass nur van der Lubbe verurteilt wurde; der längst gleichgeschalteten Presse wurde bedeutet, nicht ausführlich über das Urteil zu berichten. Eine Meldung reicht.

Für damalige Sachverständiger war es vollkommen gefahrlos möglich, ja, es war sogar erwünscht, im Reichstagsbrandprozess darzulegen, dass es mehrerer Menschen, einer gewissen Professionalität und einer erheblichen Menge chemischer Brandbeschleuniger bedurft hatte, um diesen Großbrand zu legen. Das aber bedeutet nun nicht, dass derartige Gutachten nur deshalb falsch wären, weil sie den Nazis in den Kram passten.

Das dritte Lager in diesem schon Jahrzehnte andauernden Streit ist das in der Historiografie einflussreichste und, wenn man so will, erfolgreichste: Die Vertreter der Alleintäterthese, die zu Beginn der Sechzigerjahre Oberhand gewannen und bisher alle Angriffe auf ihre einmal eroberte »wissenschaftliche Festung« erfolgreich abwehren konnten. Marinus van der Lubbe, so diese Theorie, sei aus eigenem Antrieb und allein vorgegangen. Er habe den Reichstag allein angezündet, mittels Kohlenanzünder, vorgefundener Papiere, brennender Tücher und einiger seiner brennenden Kleidungsstücke, die er ausgezogen und mit denen er durch das Gebäude gelaufen sei. Nach seiner Verhaftung habe er alles gestanden, dabei wieder und wieder seinen Weg durch das Gebäude beschrieben und sich nie geirrt, da er über ein hervorragendes Gedächtnis verfüge.

Der Einstieg

Sehen wir uns einige Merkwürdigkeiten dieser vor allem unter Historikern vorherrschenden Theorie etwas genauer an. Natürlich braucht die Theorie eine lückenlose Beschreibung des Weges Marinus van der Lubbes durch das Gebäude bis zu seiner Verhaftung; anderenfalls wäre sie nicht glaubwürdig. Diese Beschreibung muss dabei zwingend sämtliche Tatspuren als die Spuren *eines* Täters berücksichtigen und erklären; kann sie das nicht, muss es mehr als einen Täter geben.

Die Tat beginnt mit dem Einstieg Marinus van der Lubbes in das Reichstagsgebäude. Er sei an der Fassade des Reichstages emporgeklettert, wobei er die Fugen in der Mauer benutzt habe, um sich festzuhalten und abzustützen. Dann habe er sich auf das Gesims hinaufgezogen und sei auf diesem einige Meter entlang gelaufen, um dann auf einen kleinen Balkon zu klettern. Dort habe er »mit zehn Tritten«, so van der Lubbe, »das Glas der Balkondoppeltür« eingetreten und sei in das Innere des Reichstags gelangt.

So weit die Ermittlungsergebnisse der Abt. 1 A, der Politischen Polizei, später Gestapo, zu van der Lubbes Einstieg in den Reichstag. Sie beruhen auf den Aussagen van der Lubbes. Aber kann man auch in der – historischen – Aufarbeitung des Falls den Beginn der folgenreichen Brandnacht auf diese Weise darstellen?

Zeugen für die Kletterei van der Lubbes gibt es nicht. Deren Aussagen setzen erst mit der akustischen Wahrnehmung klirrenden Glases ein. Das von van der Lubbe angeblich erkletterte Gesims befindet sich in etwa acht Meter Höhe, rechnet man den über zwei Meter tiefen, mit einem Geländer umgebenen und mit Stacheldraht gesicherten Lichtschacht ein, der heute nicht mehr existiert. Das Risiko, abzustürzen und sich lebensgefährlich oder tödlich zu verletzen, ist nicht eben gering. In seiner Vernehmung sprach van der Lubbe lediglich von einem »mannshohen Gesims«, das er erklettert haben will.

Die Scheiben der Doppelfenster des Reichstages waren acht Millimeter dick. Stärkeres Glas gab es zu der Zeit nicht, es war zur verbesserten Sicherheit des Reichstagsgebäudes nachträglich eingesetzt worden. Van der Lubbe hatte keinerlei Werkzeug bei sich, um sie einzuschlagen. Ist es überhaupt möglich, zwei dermaßen dicke Scheiben einzutreten? Ohne sich zu verletzen? Ist es überhaupt möglich, das schmale Gesims zu erklettern und darauf entlang zu laufen? Es lag Schnee, und wir müssen auch die starke Beeinträchtigung des Sehvermögens van der Lubbes bedenken. Es gibt keinerlei sicheren Beweis, dass es so war; das Geständnis des Täters ist hier alles andere als ein Beweis.

Alle Darstellungen der Brandstiftung, die von van der Lubbes Alleintäterschaft ausgehen bzw. sie zu beweisen suchen, gehen von diesem Ablauf aus, ohne ihn zu hinterfragen. Zuerst erschien diese Beschreibung 1959 in einer *SPIEGEL*-Serie »nach einem Manuskript von Fritz Tobias«, wie es in der Autorenzeile heißt. Fritz Tobias, Verfassungsschutzbeamter in Niedersachsen, veröffentlichte dann 1962 ein umfangreiches Buch mit dem Titel *Der Reichstagsbrand. Legende und Wirklichkeit*, in dem er den Einstieg sowie den Brandlauf van der Lubbes kreuz und quer durch das Reichstagsgebäude ähnlich wie in seinem *SPIEGEL*-Artikel beschreibt.

Auch der Historiker Hans Mommsen, der 1964 diesem Buch von Fritz Tobias wissenschaftliche Korrektheit attestierte, bezieht sich in einer eigenen Darstellung des Einstiegs van der Lubbes auf Fritz Tobias. Der Berliner Historiker und leitende Redakteur der Tageszeitung *Die Welt*, Sven Felix Kel-

Fritz Tobias, Reichstagsbrandforscher und Mitarbeiter des niedersächsischen Verfassungsschutzes

lerhoff, übernahm 2008 in seinem Buch *Der Reichstagsbrand. Karriere eines Kriminalfalls*, ebenfalls diese inzwischen recht alte Darstellung des Einstiegs in das Reichstagsgebäude. Sein Buch wiederum ist mit einem Vorwort von Hans Mommsen versehen.

Zuletzt wies auch der britische Historiker Richard Evans in seinem 2021 auf Deutsch erschienenen Buch *Das Dritte Reich und seine Verschwörungstheorien* noch einmal auf die Korrektheit der Aussagen von Tobias, Mommsen und Kellerhoff hin und zeigte sich geradezu enttäuscht darüber, dass es mit der Debatte über den Reichstagsbrand trotz des Buches von Sven Felix Kellerhoff nun immer noch nicht vorbei sei. »Man hätte denken können«, so Evans in seinem mit vielen Fehlern gespickten Beitrag, »dass Kellerhoff mit seinem Buch einen Schlussstrich unter die Debatte gezogen hatte.« Auf die Fehler in diesem Beitrag wird noch zurückzukommen sein.

Es ist aber absurd, anzunehmen, dass ein Buch mit einer neuen, naturwissenschaftlich anmutenden, tatsächlich aber unhaltbaren Theorie die Frage der Alleintäterschaft ein für alle Mal klären könnte. Wir werden uns mit diesen Büchern noch genauer befassen müssen; im Moment begnügen wir uns mit der Feststellung, dass fast alles auf eine einzige Darstellung, nämlich die Aussagen Marinus van der Lubbes, zurückgeht, die nicht zuletzt deshalb zweifelhaft sind, weil die Umstände beginnend mit seiner Verhaftung bis zu dem merkwürdig debilen Auftreten während des Prozesses viele Fragen aufwerfen.

Die Zeugen, zufällig am Reichstag vorbeilaufende Passanten und herbeigerufene Streifenpolizisten, erkannten eine Person auf dem Balkon (einer glaubte, zwei Personen gesehen zu haben) – und einen Feuerschein. Wegen der Dunkelheit war es vollkommen unmöglich zu sagen, ob es sich bei dieser schemenhaften Gestalt um Marinus van der Lubbe handelte.

Wenn man, wofür es gute Gründe gibt, die Aussage van der Lubbes anzweifelt, dann ist festzuhalten: Es ist unbewiesen (und auch schwer vorstellbar), dass Marinus van der Lubbe an der Fassade des Reichstags emporgeklettert ist und dort zwei sehr dicke Glasscheiben eingetreten hat. Nicht bewiesen ist ebenfalls, welche Person anschließend durch das Reichstagsgebäude lief, Vorhänge in Brand setzte, Kohlenanzünder ansteckte und wahllos überall ablegte, im Innern des Gebäudes eine weitere Glasscheibe zerstörte, im Restaurant Tischtücher entwendete und anzündete und damit weiter durch das dunkle Haus lief.

Als Marinus van der Lubbe wenige Minuten später im Reichstag festgenommen wurde, war er lediglich mit Hose

Splitter der zerstörten Glasscheibe im Restaurant des Reichstages

und Schuhen bekleidet, weil er schließlich auch noch einen Teil seiner Kleidung ausgezogen hatte, angeblich, um weiteres brennbares Material zur Verfügung zu haben. Sich mitten im Winter, dies nur nebenbei, einen Teil seiner Kleidung vom Leib zu reißen und zu verbrennen, bedeutet, dass sich van der Lubbe jeglicher Möglichkeit beraubt hatte, aus dem Gebäude zu fliehen und unauffällig zu verschwinden. Er nahm seine Verhaftung offenbar in Kauf oder wollte sie gar, auch wenn man das kaum verstehen kann.

Eine andere Erklärung dafür, dass van der Lubbe mit freiem Oberkörper durch den Reichstag lief, wäre folgende: Van der Lubbe könnte mit einem mit Flüssigkeit benetzten Material in Kontakt gekommen sein, just bevor sich dieses an der Luft entzündete. An seinem Mantel wurden Phosphorspuren gefunden; van der Lubbe hatte leichte Verbrennungen erlitten. Hat er sich seiner Oberbekleidung entledigt, weil diese in Brand geraten war?

Der nahezu spielerische Umgang van der Lubbes mit den Risiken, die er mit seiner Tat eingegangen ist, hat etwas zutiefst Verstörendes, Irritierendes. Hat sich van der Lubbe allzu sicher gefühlt, als ob ihm nichts passieren könnte? Und wenn ja, warum? Selbst ein im Reichstag eingesetzter Polizist, Hans-Joachim Sprotte, wunderte sich über die Sorglosigkeit des Beschuldigten, als er ihn in den Tagen nach dem Brand mehrmals im Reichstag im Zusammenhang der Befragung van der Lubbes nach seinen Laufwegen sah. »Er soll, als man ihn aufforderte, zu zeigen, welchen Weg er gegangen sei, gesagt haben, man solle ihm eine Karte von Europa bringen, darauf werde er seinen genommenen Weg zeigen. Ich sah ihn entweder hilflos hocken, verschmitzt lächeln oder auch dumm, wie eben ein Mensch, der sich dessen nicht bewußt ist, was man eigentlich von ihm will und der nicht begriff, in welcher Gefahr er schwebte.«

Zu den zweifelhaften Umständen gehört auch die Tatsache, dass der 24-jährige Niederländer van der Lubbe zum Zeitpunkt seiner Verhaftung im Reichstag erstmals in Erscheinung tritt. Was er in den Minuten vorher getan und wo er sich aufgehalten hat, ist unklar. Unklar ist auch – da seine eigene Schilderung höchst unglaubwürdig erscheint –, wie er wirklich in das Reichstagsgebäude gelangt ist. Ein alternatives Szenario wäre demnach folgendermaßen denkbar: Marinus van der Lubbe ist nicht an der Wand emporgeklettert, hat keine Scheiben eingetreten, hat vielleicht auch die vielen kleinen Brände, die wenig Schaden anrichteten, nicht selber gelegt, da es keine Beweise für die Täterschaft van der Lubbes gibt, ausgenommen natürlich die Spuren der Taten, die aber keinerlei Rückschluss auf den Täter zulassen.

Der SA-Zeuge

Marinus van der Lubbe könnte also auch ganz anders in den Reichstag gekommen sein. Diese Überlegung ist schon deshalb mindestens in Erwägung zu ziehen, weil es im Gegensatz zu der fragwürdigen Klettergeschichte für einen anderen Weg van der Lubbes immerhin eine Zeugenaussage gibt; genau genommen sogar eine eidesstattliche Versicherung aus dem Jahre 1955. Die Aussage stammt von einem ehemaligen SA-Mann namens Hans-Martin Lennings, und sie lautet kurz zusammengefasst folgendermaßen: Er, Lennings, habe in der SA eine nicht ganz geringe Rolle gespielt und eine gewisse Nähe zum SA-Chef Ernst Röhm gehabt. Am 27. Februar 1933 habe er bei einem konspirativen Treffen in Berlin-Mahlsdorf den Auftrag erhalten, mit seinem Auto einen Mann aus einem SA-Heim in der Berliner Lützowstraße abzuholen und im Reichstag abzuliefern.

Der Mann, so Lennings weiter, sei sehbehindert gewesen und habe benommen und außerdem gehbehindert gewirkt.

Während der Fahrt habe er geschwiegen. Am Reichstag angekommen, habe Lennings ihn einem Zivilisten übergeben und sei daraufhin aufgefordert worden, sich schnell zu entfernen. Es habe bereits nach Feuer gerochen und er, Lennings, habe Rauchschwaden gesehen. Als er am nächsten Tag das Foto des »auf frischer Tat ertappten Brandstifters« Marinus van der Lubbe in einer Zeitung gesehen habe, sei ihm klar geworden, dass er einen vermeintlichen Brandstifter zum Ort seines Verbrechens gebracht hatte, an dem es, wie er selbst wusste, zu diesem Zeitpunkt bereits gebrannt hatte. Als er gegen diesen ihm nun klar gewordenen üblen Komplott energisch protestiert habe, sei er in »Schutzhaft« genommen worden. SA-Chef Ernst Röhm habe dafür gesorgt, dass er nach der Unterschrift eines Reverses schließlich aus der Haft entlassen wurde.

Die Aussage des ehemaligen SA-Mannes Hans-Martin Lennings wurde erst 2019 vom Reichstagsbrandforscher Hersch Fischler entdeckt. Tobias hatte von der eidesstattlichen Versicherung Lennings' aus dem Jahr 1955 gehört, und da der Fund des Dokuments seine These wie ein Kartenhaus in sich zusammenfallen lassen würde, suchte er verzweifelt nach dem Verfasser oder einem Angehörigen. Schließlich fand Tobias den Bruder Lennings', den Pastor und glühenden NPD-Anhänger Heinrich Lennings, der Tobias gegenüber ausgesagt haben soll, Hans-Martin sei »ein großer Fabulierer« gewesen, der gerne »Räuberpistolen« erzähle. Tobias notierte sich diese Äußerungen, ließ die eidesstattliche Versicherung von Hans-Martin Lennings jedoch unter den Tisch fallen; in seiner Arbeit über den Reichstagsbrand erwähnt er sie mit keinem Wort.

Als Fischler das Dokument 2019 entdeckte, wurde es von den Vertretern der Alleintäterthese sofort angezweifelt. So berief sich Klaus Wiegrefe im *SPIEGEL* in einem Artikel mit der

Überschrift »Zeugnis eines Psychopathen« auf psychiatrische Begutachtungen aus der NS-Zeit und zitierte die von Tobias notierten Äußerungen des Pastors über seinen Bruder. Natürlich ist die Quelle – ebendiese Notizen von Tobias – äußerst problematisch. Eine Möglichkeit, den Wahrheitsgehalt der Notizen zu überprüfen, gibt es nicht mehr.

Es gibt indessen ein Detail in dieser Erklärung, welches dafür spricht, von einer korrekten Aussage Lennings' auszugehen. Van der Lubbe hatte in einer Vernehmung von Ritterrüstungen im Reichstag gesprochen, an denen er vorbeigelaufen sei. Es gab tatsächlich Rüstungen im Reichstag, allerdings nicht in dem Bereich, in dem van der Lubbe sich nach seiner Aussage aufgehalten haben will. Sie stehen vielmehr in einem Bereich nahe dem Portal, durch das Lennings, folgt man der Aussage des früheren SA-Mannes, van der Lubbe in den Reichstag gebracht hatte.

Der erste Zeuge

Kommen wir aber zurück zum Geschehen im und am Reichstag. Unbestreitbar ist, dass in der Brandnacht Scheiben eingeschlagen wurden; unbeweisbar ist, durch wen. Hierüber gibt es im Wesentlichen zwei Zeugenaussagen. Die erste stammt von einem 1910 in Brake geborenen Studenten. Hans Hinrich Flöter war damals 22 Jahre alt. Er kam an diesem Abend von der Universität Unter den Linden und war auf dem Weg zu seiner Wohnung, die sich nahe dem Reichstag befand. Flöter studierte Religionswissenschaften, Philosophie, klassische Philologie, Geschichte und Kunstgeschichte und promovierte später in Evangelischer Theologie und Philosophie. Er arbeitete zunächst als Pfarrer, wurde zum Ende des Krieges eingezogen und geriet in Gefangenschaft, in der er eine Art Lagerschule aufbaute. Nach dem Krieg war er Gymnasiallehrer und trat 1951 der SPD bei. In den Fünfzigerjahren lehrte er an der Universität von Los Angeles, später war er im Volkshochschulbereich tätig. Flöter wurde 100 Jahre alt.

In den Siebzigerjahren veröffentlichte er anlässlich einer Ausstellung in Oldenburg ein Buch mit dem Titel *Hitlers Weg zur totalen Macht*, in dem er auf seine Rolle als unmittelbarer Zeitzeuge des Reichstagsbrandes Bezug nimmt. Dieses Buch ist mit Schreibmaschine geschrieben, wenig bekannt und schwer erhältlich. Es befindet sich nicht in den Beständen der Deutschen Nationalbibliothek und hat auch keine Internationale Standard-Buchnummer (ISBN). Flöter schreibt: »Ich habe gesehen, [Hervorhebungen alle im Original – U.S.], wie ein Mensch mit einem lodernden Feuerbrand in der Hand auf dem Balkon des ersten Fensters rechts des Hauptportals – vom Standpunkt des Hereingehenden betrachtet – stand und die Scheiben zerschlug. Allerdings weiß ich nicht, ob man dort stehend die Scheiben dann mit Hammer oder Axt? – jedenfalls war die Person in heftiger Körperbewegung begriffen – zertrümmern kann. Der Mann war also jedenfalls in heftiger Bewegung bei seinem Tun begriffen. Die Mantel- oder Jackenstösse flogen um ihn herum. Die Arbeit kostete ihn ganz offensichtlich große Kraftanwendung. Ich habe das Klirren deutlich gehört, als ich in der Höhe des Laternenpfahles, gegenüber den Fenstern, an dem sich der Vorgang abspielte (es kam vom ersten Fenster der Restauration, rechts neben dem Haupteingang im Hauptgeschoss), ging. Das ist eine Tatsache. Durch das Klirren aufmerksam gemacht sah ich die Person mit dem Feuerbrand. Zuerst habe ich gehört, dann gesehen.« Weiter führt er aus: »Natürlich wußte ich weder damals noch weiß ich es heute, ob es van der Lubbe war, der das Fenster zerschlagen hatte und in den Reichstag eingedrungen war. Ich denke, daß das wohl niemand im Dunkeln hätte mit Sicherheit erkennen können. Ich habe dann in der Tat auch so ausgesagt, daß ich nicht van der Lubbe, sondern einen Menschen, einen Mann gesehen habe. Ich habe auch nicht nachgeprüft, ob man oder ob dieser Mann das Gesims zu erklettern und die Scheiben zu zerschlagen im Stande war. Das kam bei meiner Aussage auch gar nicht zur Sprache, und darüber wurde auch während des Lokaltermins überhaupt nicht gesprochen.«

Im Anhang des Buches von Hans Flöter befindet sich die Abschrift eines Briefes von ihm an den damaligen Chefredakteur der Tageszeitung *Die Welt*, Herbert Kremp, in dem sich Flöter dagegen verwahrt, als »Zeuge gewisser Vorgänge vom 27.2.1933« genannt zu werden. Es träfe nicht zu, dass er »im Hauptgeschoß des Reichstages, am Fenster van der Lubbe hätte einsteigen sehen.«

Halten wir fest: Van der Lubbe hatte keinerlei Werkzeug bei sich, weshalb er aussagt, dass er die Scheiben »mit zehn Tritten« eingetreten haben will. Von einem Hammer oder einer Axt, wie es von Flöter beobachtet wurde, spricht van der Lubbe nicht. Schließt das nicht a priori aus, dass es van der Lubbe war, der sich mit Gewalt Zugang zum Reichstag verschafft hatte? Da er die Scheiben nicht eingetreten hatte, konnte er auch nicht wissen, dass die Scheiben viel zu dick waren, um sie eintreten zu können.

Eine andere Frage ergibt sich aus der Aussage Flöters, er habe bei der einsteigenden Person einen »Feuerbrand« gesehen. Van der Lubbe behauptet, Kohlenanzünder bei sich gehabt zu haben, die er wahllos im Reichstag brennend abgelegt haben will. Wie aber hätten diese Kohlenanzünder, wenn es sich bei der Person, die Flöter sah, um van der Lubbe gehandelt haben sollte, schon brennen sollen? Es handelt sich dabei um kleine Würfel aus brennbarem Material. Sobald sie brennen, legt man sie schleunigst aus der Hand – um sich nicht die Finger zu verbrennen. Wie also soll man sich die Szene vorstellen? In der einen Hand hält van der Lubbe einen brennenden Würfel, der ihm die Finger versengt, während er mit großer Mühe versucht, eine Scheibe einzutreten? Und warum sollte van der Lubbe, der sich, nach eigener Aussage, extra eine Stelle, die dunkel und daher nicht leicht einsehbar war, ausgesucht haben will – um nicht bemerkt zu werden –, auf diesem Balkon einen Kohlenanzünder anstecken? Sieht das nicht eher so aus, als wollte hier jemand gezielt Aufmerksamkeit erregen? Würde das nicht viel eher zu der These passen, dass die Nazis versuchten, eine Gruppe »kommunistischer Terroristen« zu imitieren?

In seinem Brief an den *Welt*-Chefredakteur kommt Flöter auch auf den zweiten Zeugen des Einstiegs zu sprechen, den Schriftsetzer Werner Thaler, der erst seit zwei Wochen in Berlin lebte und in der Druckerei des NSDAP-Blattes *Völkischer Beobachter* arbeitete. Dieser hatte sich laut Flöter bei einem Lokaltermin am 10. Oktober 1933 enorm aufgespielt und behauptet, »alles noch besser beobachtet zu haben«, so Flöter. »Es kam mir damals recht merkwürdig vor, daß dieser neue Zeuge, den ich am Brandabend auf dem Platz der Republik nicht gesehen hatte, zum Hauptzeugen für den angeblichen Einstieg van der Lubbes geworden war und alles – viel besser – wußte.« Thaler hatte von zwei Personen gesprochen, räumte aber, nachdem Flöter ihm energisch widersprach, ein, dass es auch eine Person und deren Schatten gewesen sein könnte.

Flöter berichtet, der Zeuge Werner Thaler habe ihn nach dem Lokaltermin, der Teil des Prozesses gegen van der Lubbe u.a. war, in ein Charlottenburger Restaurant zum Abendessen eingeladen. Vertraulich habe der Schriftsetzer berichtet, er »habe sich in bezug auf seine Aussage mit den Parteistellen genau abgesprochen«.

Fassen wir noch einmal zusammen: Die These, van der Lubbe sei an der Reichstagsfassade hinaufgeklettert, habe dort die Scheibe eingetreten und sei auf diesem Wege in den Reichstag eingedrungen, wirft aus vielen Gründen Fragen auf, angefangen bei einer zu erkletternden Höhe von acht Metern und acht Millimeter dickem Glas, das er ohne jegliches Werkzeug zerstört haben will. Zu diesen praktischen Zweifeln kommen die eidesstattliche Versicherung des SA-Mannes Lennings und die Aussagen des ersten Zeugen Flöter, die den Zweifel an der Alleintäterschaft des Niederländers auf plausible Weise erhärten. Vor dem Hintergrund dieser Dokumente erscheint es viel wahrscheinlicher, dass van der Lubbe zum Reichstag gebracht wurde, als dieser schon brannte, und möglicherweise einem Mann an einem der Portale übergeben wurde. Der Mann, der sich so auffällig auf dem Balkon verhielt, wäre dann ein Mittäter.

Der SA-Ausweis

Hans-Martin Lennings, der van der Lubbe zum Reichstag gebracht haben will, ist höchstwahrscheinlich nicht der einzige SA-Mann, der empört protestierte und sich daraufhin Ärger einhandelte, nachdem er mitbekommen hatte, wider Willen in eine üble Intrige betreffend den Reichstagsbrand verwickelt worden zu sein.

Im Berliner Bundesarchiv befindet sich ein seltenes Exemplar der damals illegal vertriebenen Exilzeitschrift *Die deutsche Revolution*, herausgegeben in Prag und Kopenhagen von der »Schwarzen Front«, einer Gruppierung in Ungnade gefallener Nazis um Otto Strasser. Es handelt sich um eine interessante, aber bislang wenig beachtete Quelle. Im März 1936 berichtete diese Zeitung über Erlebnisse des in Wuppertal geborenen Kaufmannes Heinrich (Heinz) Jürges, der in seiner Funktion als »Stabswalter der Gauleitung Berlin« am Nachmittag des 26. Februar 1933 zu einem Gespräch in das Stabsquartier der SA-Gruppe Berlin-Brandenburg in der Kreuzberger Hedemannstraße gebeten worden war. Er sollte dort ein Gespräch zwischen den SA-Leuten Heines und Ernst und einem jungen Holländer dolmetschen. Edmund Heines und Karl Ernst sind zwei von Reichstagsbrandforschern der Mittäterschaft in der Reichstagsbrandsache verdächtigte hohe SA-Leute, die am 30. Juni 1934 im Zuge des sogenannten Röhm-Putsches ermordet wurden.

Im Kern sei es darum gegangen, ob der Holländer, der sich der SA offenbar voller Tatendrang angedient hatte, sich vorstellen könne, an einer »großen Sache gegen die Kommunisten teilzunehmen, die der besseren Wirkung halber kommunistisch getarnt werden müsse«. Das Gespräch wurde am nächsten Vormittag, dem Tag der Brandstiftung, fortgesetzt. Dem Holländer wurde geraten, sich noch etwas auszuruhen, da es in der kommenden Nacht viel für ihn zu tun gäbe und an Schlaf wahrscheinlich nicht zu denken sei. Jürges war zusätzlich von einem Adjutanten Goebbels', Hanke, beauftragt worden, dem Holländer ein auf den Namen Marinus van der Lubbe und als »Spezial-Ausweis« überschriebenes Papier abzunehmen, das erst im Laufe des Februar ausgestellt, mit SA-Stempel versehen und mit einer NSDAP-Marke beklebt worden war.

Am nächsten Tag, also schon nach der Brandstiftung, kam es der Darstellung der Zeitschrift zufolge zu einer weiteren

Begegnung zwischen Jürges und Hanke. Dabei habe Jürges jenen Ausweis van der Lubbes an Hanke übergeben, beschwerte sich aber zugleich, da er sich in die Brandstiftung hineingezogen und somit hintergangen fühle. In den Zeitungen konnte man bereits von einem im brennenden Reichstag verhafteten »holländischen Kommunisten« lesen.

Hanke zerriss den Ausweis, warf ihn in den Papierkorb und gab Jürges den strikten Befehl, über seine Kenntnisse zu schweigen. In einem unbeobachteten Moment fischte Jürges die Einzelteile des zerrissenen Ausweises aus dem Papierkorb, um für den Fall einer staatsanwaltschaftlichen Ermittlung ein Beweismittel in der Hand zu haben. Zu einer derartigen Ermittlung ist es natürlich nie gekommen, obwohl eine Quartiergeberin van der Lubbes vor der Polizei ausgesagt hatte, sie habe dessen Kleidung nachts heimlich durchsucht und ebenfalls diesen Ausweis entdeckt.

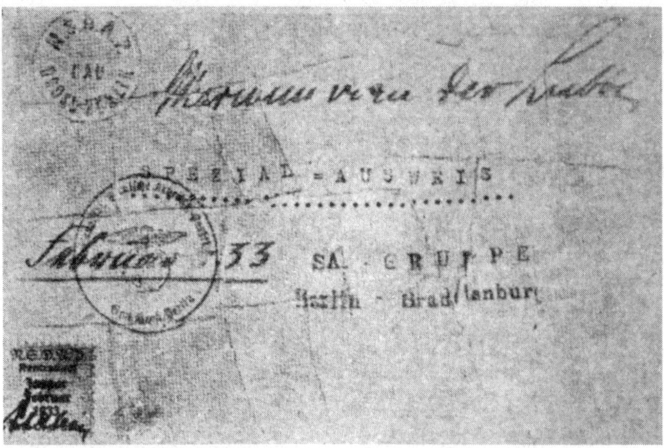

Der auf Marinus van der Lubbe ausgestellte »Spezial-Ausweis«

Ob der zerrissene Ausweis, den die Zeitschrift *Die deutsche Revolution* als Faksimile zeigt, echt ist, kann vielleicht niemals geklärt werden. Immerhin ließe sich so vermuten, wie van der Lubbe in die Brandstiftung hineingezogen worden ist, nachdem SA-Leuten der Tatendrang van der Lubbes aufgefallen war. Es würde auch erklären, warum van der Lubbe während des Prozesses verwirrt und wie unter Drogeneinfluss stehend wirkte: Die für den Anschlag Verantwortlichen mussten dafür sorgen, dass van der Lubbe, wenn er sich von den Nazis in diese Brandstiftung hatte hineinziehen lassen, auf keinen Fall über seine Hintermänner berichten konnte. Ist das auch der wahre Grund für die rechtlich vollkommen unmögliche Todesstrafe für van der Lubbe, die erst eines Gesetzes, extra seinetwegen erlassen, bedurfte?

Laut dem Protokoll der Hinrichtung habe der Verurteilte »eine gefasste Haltung« gehabt und »keine Erklärung« abgegeben. Dem stehen Äußerungen verschiedener Zeugen gegenüber, die vom Entsetzen van der Lubbes angesichts der Guillotine und von erheblichem körperlichen Widerstand berichten. Verzweifelt habe er verlangt, sprechen zu dürfen, und auf Mittäter verwiesen: »Und die anderen?« Diese gespenstische Szene werden wir uns später noch etwas genauer ansehen. Das Urteil gegen van der Lubbe wurde erst im Jahre 2007 auf der Grundlage des 1998 verabschiedeten Gesetzes zur Aufhebung nationalsozialistischer Unrechtsurteile vom Bundesgerichtshof aufgehoben.

Alle diese Hinweise und Indizien – und es gibt noch etliche weitere, wie wir sehen werden – reichen allein nicht, um nach 90 Jahren noch zu beweisen, was von 1933 bis 1945 nicht bewiesen werden konnte und nach 1945 zunächst nebensächlich erschien. Aber können diese Hinweise und Indizien deshalb samt und sonders als Spinnerei und Verschwörungstheorien abgetan werden, wie es zuletzt Richard Evans erneut versuchte? Müssen die vielen offenen Fragen nicht beantwortet werden?

Im Kern geht es um die folgenden entscheidenden Fragen: Konnte van der Lubbe von den Nazis für die Brandstiftung instrumentalisiert werden? Wurde er also von SA-Männern in der Brandnacht zum Reichstag gebracht, um sich hinterher als »kommunistischer« Täter verurteilen zu lassen? Schwer vorstellbar, wie das abgelaufen sein könnte. Aber es gibt Hinweise dafür. Oder, zweitens: Konnte Marinus van der Lubbe allein und ohne wesentliche Hilfsmittel innerhalb weniger Minuten im Reichstag, genauer: im Plenarsaal des Reichstages, ein derartiges flammendes Inferno erzeugen, ein so intensives Feuer, dass die Kuppel des Reichstages infolge einer Explosion zerbarst? Das ist unmöglich. Vor die Wahl gestellt, sich für eine *schwer vorstellbare* oder aber eine *unmögliche* Alternative zu entscheiden, muss man sich logischerweise für die immerhin »nur« schwer vorstellbare Variante entscheiden. Wie kann also der schwer vorstellbare Kontakt zwischen den Nazis und Marinus van der Lubbe zustande gekommen sein? Was wollte er in Berlin? Was dachte er? Wofür brannte er? Was für ein Mensch war van der Lubbe?

»Freiheit für Marinus van der Lubbe«

Marinus van der Lubbe war kein unbeschriebenes Blatt, als er im brennenden Reichstag verhaftet wurde. Über ihn könnte man ein Buch schreiben, und tatsächlich gibt es nicht wenige, insbesondere natürlich in seinem Heimatland, den Niederlanden. Die meisten dieser Bücher dienen dem Zweck, Marinus van der Lubbe zu rehabilitieren, wozu gehört, ihn wieder und wieder als Einzeltäter darzustellen, denn nur so kann man ihn als »Widerstandskämpfer« heroisieren. Keinem Täter habe »man seine Tat so streitig gemacht« - wie Marinus van der Lubbe. Das beklagt Horst Karasek in seinem 1980 erschienenen Buch über Marinus van der Lubbe mit dem Titel *Der Brandstifter*.

Wir müssen uns hier mit einer kurzen Skizze van der Lubbes begnügen. Das Leben meinte es nicht besonders gut mit ihm. Er ist größtenteils ohne Vater aufgewachsen, da dieser die Familie früh verlassen hat. Seine Mutter hatte sieben Kinder geboren und bereits eine Scheidung hinter sich und nun allein die jüngeren Kinder aus ihrer zweiten Ehe zu versorgen. Einige Monate lebte Marinus in einem Kinderheim. Seine Mutter starb, als er zwölf Jahre alt war. Eine wesentlich ältere Halbschwester nahm ihn bei sich auf, ihre kleinen Kinder sahen in ihrem Onkel einen großen Bruder.

Nach der Schule machte er eine Maurerlehre. Ein Stück ungelöschten Kalks, das ihm in sein linkes Auge geriet, und ein weiterer Arbeitsunfall lösten gesundheitliche Probleme aus, sein Sehvermögen verringerte sich trotz mehrerer Operationen ständig. Im Januar 1933 betrug seine Sehstärke nur noch 15 beziehungsweise 20 Prozent.

Marinus van der Lubbe entwickelte früh die Fähigkeit, mit all diesen Schicksalsschlägen fertigzuwerden. Er bekam eine winzige Invalidenrente und versuchte, sich hier und da etwas dazuzuverdienen. In seinem Leben spielte nun die Politik eine immer größere Rolle, genauer gesagt: der Kampf für die Rechte der Arbeiter. Er verkaufte Zeitungen und verteilte Flugblätter, geriet immer wieder mit der Polizei in Konflikte und wurde mehrmals inhaftiert. Obwohl er selber kaum Geld hatte, mietete er eine leer stehende Lagerhalle, um dort politische Treffen abhalten zu können, auch mit Kindern, denen er marxistische Grundbegriffe beizubringen versuchte. In dieser Halle wohnte er auch, oben, unter dem Dach.

Wegen seiner großen Eigenständigkeit geriet er immer wieder mit der Jugendorganisation der kommunistischen Partei Hollands aneinander, deren Mitglied er war, von der er sich aber nicht bevormunden lassen wollte.

In einer Konservenfabrik versuchte er, die Arbeiter zu einem Streik zu bewegen. Das misslang gründlich, aber »was ihm in Wirklichkeit nicht gelungen war, ließ er in einem Theaterstück lebendig werden, dem er den Titel ›Ein Streik in der Konservenfabrik von Schoondergang‹ gab«, wie Martin Schouten in seiner Biografie *Marinus van der Lubbe* schildert.

Als er nach einer Rangelei mit einem Polizisten einige Tage inhaftiert worden war, malten seine Genossen die Parole »Freiheit für Lubbe« an etliche Wände der Stadt Leiden. In der kleinen Stadt sprach man über ihn; er war mutig, voller Energie und Tatendrang, ließ sich nicht einschüchtern, schon gar nicht von der Polizei, die sich über sein »freches« Verhalten empörte. Schouten nennt van der Lubbe einen Volkshelden.

Bei einer Aushilfstätigkeit kommt van der Lubbe auf die Idee, dass man mit 40 Leuten ein landwirtschaftliches Projekt aufziehen müsste, bei dem man in Zelten wohnt, tagsüber arbeitet und abends beim Lagerfeuer über die Revolution reden könnte. Sein Freund und Kollege hielt das für Irrsinn, man müsste Tausende Gulden investieren, ehe man einen Cent verdiene. Für van der Lubbe kein Hindernis. Er hatte davon gehört, dass eine Zeitschrift 5.000 Gulden demjenigen versprochen hatte, der als erster Holländer durch den Kanal nach England schwämme. Van der Lubbe besorgte sich einen Pass und radelte durch Belgien nach Frankreich, locker 200 Kilometer. In Calais angekommen, rief er die Redaktion der Zeitschrift an, die aber nicht mehr daran dachte, ihr Versprechen einzulösen. Die Saison sei nun vorüber. Van der Lubbe radelte zurück nach Leiden.

In Holland versuchte er, sich für größere Aufgaben in Stellung zu bringen. Er fragte in Amsterdam beim Jugendbüro der Kommunistischen Partei an, ob man in einem größeren, nationalen Rahmen Verwendung für ihn hätte. Man kannte den Leidener, der Flugblätter druckte und Zeitungen herausgab, ohne sich mit der Partei abzusprechen. Daraus wurde also nichts.

Mit Anfang zwanzig geriet van der Lubbe in eine Sinnkrise. Mit der Partei war er zerstritten, trat mehrmals aus und wieder ein. In einem Schreiben an seine »werten Genossen« teilte er ihnen schließlich mit, dass »auf eine unerklärliche Weise« ein »bestimmter Pessimismus« sich seiner bemächtigt habe. Er versuche vergeblich, dagegen anzukämpfen. »Das alles beweist, dass ich kein guter Bolschewik bin.« Er fühle sich seiner »Sache nicht sicher genug« und »zuweilen als Fremder im Lager der Partei. Darum ist es besser, daß ich mich vorläufig als Mitglied und Leiter der Jugendgruppe zurückziehe. Rinus«

Bald begann er, die Welt zu erwandern; mehrmals nach Deutschland, das für die Arbeiterbewegung im kleinen Holland eine besondere Rolle spielt, da es eine besonders starke Arbeiterbewegung hatte, diese aber, wie fast überall seit dem Ersten Weltkrieg, heillos zerstritten war. Van der Lubbe hat den unbedingten Wunsch, die Sowjetunion, »das Land der Arbeiter« kennenzulernen, erhält aber kein Visum. In Polen wird er verhaftet und abgeschoben.

Immer wieder zieht es ihn nach Deutschland. Es scheint, als würden seine Ziele immer fantastischer, seine tatsächlichen Handlungsmöglichkeiten jedoch immer geringer. Schließlich wartete niemand im aufgewühlten Deutschland der frühen Dreißigerjahre auf einen holländischen Propagandisten. Man ahnt, dass Marinus van der Lubbe genügend Mut, Fanatismus, aber auch »revolutionären Ehrgeiz« besaß, etwas ganz Großes durchzuziehen.

Nachdem Marinus van der Lubbe – in welcher Funktion auch immer – den Reichstag angezündet hatte, nachdem Tausende Kommunisten, Sozialdemokraten und linke Intellektuelle noch in der Nacht oder in den nächsten Tagen verhaftet, gefoltert oder ermordet wurden, viele Hals über Kopf fliehen mussten, um diesem Schicksal zu entgehen, erschien in Amsterdam im Laufe des Jahres 1933 ein *Roodboek* genanntes Buch, in dem van der Lubbe nahestehende Anarchisten den deutschen Sozialdemokraten und Kommunisten »Verrat an der Arbeiterklasse« vorwarfen, da sie es versäumt hätten, den Reichstagsbrand konstruktiv zu nutzen. Starker Tobak. Könnte man nicht viel eher sagen, dass es, vorsichtig ausgedrückt, eine riesige politische Dummheit van der Lubbes war, den Reichstag anzuzünden? Wie soll man ein Ereignis wie den Reichstagsbrand in einer Diktatur »konstruktiv nutzen«? Als Fanal für einen Aufstand, so wie es die Nazis van der Lubbe und den angeblich mit ihm unter einer Decke steckenden Kommunisten unterstellten?

Falsche Polizisten im Reichstag

Zurück zum brennenden Reichstag. Die am Gebäude eintreffenden Feuerwehrleute bekämpften zunächst die vielen kleineren Brandherde, vor allem jene, die man von außen sehen konnte – brennende Vorhänge, Tischtücher, hier und da ein Kohlenanzünder oder ein vor sich hin kokelnder Teppich. Es gab zunächst keinen Grund, anzunehmen, dass tief im Innern des Reichstagsgebäudes etwas ganz anderes, ein wirkliches Großfeuer, eine Katastrophe von letztlich historischem Ausmaß auf sie wartete.

Der Feuerwehrmann Fritz Polchow, damals 26 Jahre alt und in seinem ersten Dienstjahr bei der Berliner Feuerwehr, der nach dem Zweiten Weltkrieg zum Branddirektor der Westberliner Feuerwehr aufstieg, begab sich zunächst in die Restaurationsräume, nachdem sein Vorgesetzter, Oberbrandmeister Puhle, mit einer Steckleiter das Hauptgeschoss erklommen und die Scheiben einer anderen Balkontür mit einer Axt eingeschlagen hatte. Dass es bereits eine eingeschlagene Scheibe gegeben hatte, konnte er in der Dunkelheit der Februarnacht nicht erkennen, zumal sich zwischen den Balkonen (die es heute nicht mehr gibt; stattdessen wurden Fenster eingebaut) Säulen befanden. Sie machten es unmöglich, zumal in der Dunkelheit, die bereits – von wem auch immer – eingeschlagene Scheibe am ersten Balkon zu erkennen.

Während ein Kollege die zahlreichen bereits verglimmenden Feuerstellen in den Restaurationsräumen ablöschte, begab sich Polchow mit seinem Kollegen Nest auf einer kleinen Treppe innerhalb des Restaurationsbereiches in das nächsttiefere Stockwerk und ertastete schließlich einen Lichtschalter. Dort, eine Etage tiefer, waren die Scheiben eines Windfangs eingeschlagen. Plötzlich blickte Polchow in die Mündungen mehrerer Pistolen. Polizisten in nagelneuen Uniformen, so Polchows Aussage, richteten ihre Waffen durch die eingeschlagenen Scheiben auf ihn. Er solle sofort umkehren, sonst würde von der Schusswaffe Gebrauch gemacht. Polchow drehte um und berichtete dieses Ereignis seinem Vorgesetzten.

Polizisten, die Feuerwehrmänner im Einsatz bedrohen? Fritz Tobias, der Erfinder der Alleintätertheorie, erklärt dieses Vorkommnis (in seinem von Hans Mommsen für historisch korrekt erachteten Buch *Der Reichstagsbrand – Legende und Wirklichkeit*) folgendermaßen: »Nun ist es keineswegs ausgeschlossen, daß ein Feuerwehrmann in dem Riesengebäude eine derartige Begegnung mit Polizisten gehabt hat. Die Polizei suchte noch während des Löschens systematisch Raum für Raum nach den vermeintlich spurlos verschwundenen Brandstiftern ab. Wenn also die Polizisten dem versprengten Feuerwehrmann verdächtig erschienen, so mußte folgerichtig auch er ihnen dort unten, wo es nicht brannte und ein Feuerwehrmann also auch nichts zu suchen hatte, verdächtig erscheinen.«

Das ist insofern eine merkwürdige Argumentation, als Polchow die Polizisten verdächtig vorkamen, weil sie ihre Pistolen auf ihn gerichtet und ihm gedroht hatten. Könnte es hingegen nicht viel eher so gewesen sein, dass hier ein vom kommissarischen preußischen Innenminister Göring mit fabrikneuen Uniformen ausgestatteter Trupp falscher Polizisten die Brandstifter deckte und schützte? Dass es sich hier nicht um echte Polizisten handelte, wird zur Gewissheit, wenn man die Aussage des Postassistenten Duchstein daneben legt, der sich am 4. März 1933 telefonisch bei der Politischen Polizei meldete und folgende Beobachtung mitteilte: Er habe sich am Brandabend mit Bekannten in unmittelbarer Nähe des Reichstages aufgehalten und aus einem Portal an der Rückfront des Reichstages vier Personen in Polizeiuniform herausstürzen und in Richtung Spree weglaufen sehen. Die Feuerwehr sei zu diesem Zeitpunkt schon im Reichstag gewesen. Dass es für Göring in seiner starken Position im Land Preußen eine Leichtigkeit gewesen sein dürfte, Polizeiuniformen zur Verfügung zu stellen, liegt auf der Hand.

Polizisten, die Feuerwehrmänner bedrohen? Polizisten, die aus dem brennenden Reichstag fliehen? Es ist bei Weitem nicht die einzige Kuriosität, mit der Fritz Tobias in seinem Buch überrascht, wenn er den Feuerwehrmann, in entsprechender Uniform und Ausrüstung, zu einem – in den Augen dieser merkwürdigen Polizisten – Verdächtigen erklärt, den zu bedrohen für Polizisten scheinbar normal ist. Wäre dem tatsächlich so – aber das nur nebenbei –, wäre es dann nicht die Pflicht dieser »Polizisten« gewesen, den verdächtigen Feuerwehrmann festzunehmen oder wenigstens zu überprüfen – statt ihn wegzuscheuchen?

Tag der offenen Tür

Tobias berichtet von Zeugen (namens Kuesener und Bogun), die gegen 21 Uhr einen Mann aus dem Portal II des Reichstags haben herauslaufen sehen. Dieser habe sich umgesehen und sei dann eilig, sich nochmals umsehend, in Richtung Königsplatz davongelaufen. Dazu Tobias: »Später sollte sich eine harmlose Erklärung dafür finden: Es hatte sich um einen Passanten gehandelt, der sich vor Kälte und Wind im Portal schützte, auf einen Omnibus wartete und ihm schließlich nachlaufen mußte.« Der Reichstag als Wartehäuschen oder Wärmehalle? Es sind übrigens alle Schaffner der infrage kommenden Buslinien nach diesem Fahrgast befragt worden – ohne Ergebnis.

Auch die Aussage von Fritz Tobias, dass der Reichstag immer gut verschlossen war, weil nur Hausmeister Wendt und der Hausinspektor Scranowitz Schlüssel besessen und immer sorgfältig abgeschlossen hätten, kann ohne Weiteres angezweifelt werden. Zum einen mit den angeführten Aussagen, die eher den Eindruck erwecken, am 27. Februar 1933 habe es geradezu einen »Tag der offenen Tür« im Reichstag gegeben. Es wäre außerdem naiv, anzunehmen, dass es dem Hausherrn, dem Reichstagspräsidenten Hermann Göring, *nicht* möglich gewesen sein sollte, sich in den Besitz von sämtlichen Schlüsseln für »seine« Immobilie zu bringen (und natürlich auch für die Stahltüren des unterirdischen Ganges, der das Heizwerk, das Reichspräsidentenpalais und den Reichstag miteinander verband).

In der Brandnacht kam es eine halbe Stunde nach Mitternacht zu einer weiteren Verhaftung: Der 37-jährige Schornsteinfeger Wilhelm Heise aus Berlin-Neukölln wurde als »der Tat verdächtig, infolge seines eigenartigen Verlassen des Reichstages, festgenommen«, wie ein Fernschreiben von Polizeiobermeister Bolte vom 28. Februar 1933, 01.28 Uhr meldet. Verhaftet wurde er, »als er, vom Reichstag kommend, die Sperrkette an Hindersinstr. unauffällig passieren wollte, gibt an, haeufig im Reichstag tätig zu sein. Auf Revier 28 drei Selbstmordversuche durch Erhängen.« Wilhelm Heise hatte Schlüssel für das Reichstagsgebäude und alle Ausrüstungsgegenstände eines Schornsteinfegermeisters bei sich und wirkte leicht betrunken. Ein weiterer Polizist sagte aus, dass sich Heise mindestens zweidreiviertel Stunden vor seiner Verhaftung im oder nahe dem Reichstag befunden haben muss, da der Reichstag ab 21.45 Uhr abgeriegelt worden war. Heise, der politisch weit rechts stand und später, 1937, in die NSDAP eintrat, wurde noch in derselben Nacht aus der Haft entlassen, obwohl er keine vernünftige Erklärung für sein Verhalten abgeben konnte. Er gab an, am Nachmittag (!) telefonisch über den Brand im Reichstag informiert worden zu sein, während er in einem Café saß und Alkohol trank. Daraufhin habe er sich von einem Taxi zum Reichstag bringen lassen. Da der Reichstag erst nach 21 Uhr brannte, stellt sich hier die Frage, ob Heise angerufen wurde (von wem?), um sich als Mittäter (mit Schlüssel!) zum Reichstag zu begeben? Sollte er den Reichstag aufschließen, damit die Vorbereitungen für die Brandlegung getroffen werden konnten?

Am Abend wurde ein NSDAP-Abgeordneter namens Albrecht beobachtet, der eiligen Schrittes den Reichstag verließ. Seine Rechtfertigung, warum er sich im Reichstagsgebäude während des Brandes aufhielt, war relativ fadenscheinig, aber auch Albrecht wurde freigelassen und spielte offiziell in dieser Sache nie wieder eine Rolle.

Zu den Aussagen der beiden Zeugen Kuesener und Bogun betreffend des aus dem Reichstag weglaufenden Mannes, zu der Aussage des Postassistenten Duchstein, der die (falschen) Polizisten hat fliehen sehen, zu der Aussage betreffend der Anwesenheit des NSDAP-Abgeordneten Albrecht im Reichstag, zu der Anwesenheit eines rechtslastigen Schornsteinfegers mit Generalschlüsseln und der Aussage Hans-Martin Lennings, er habe Marinus van der Lubbe in den Reichstag gebracht, kommt eine weitere, bisher unbekannte Aussage. Sie stammt von einer noch lebenden, 1924 geborenen Zeugin, bei der es sich – natürlich – um ein Zeugnis vom Hörensagen handelt.

Die Journalistin und Schriftstellerin Ruth Weiss war mit ihrer Mutter nach Südafrika ausgewandert und lebte dort mit ihrem viele Jahre älteren Mann Hans Weiss.

Hans Weiss war am 27. Februar 1933 als junger Mitarbeiter des *Berliner Tageblatts* zusammen mit Wolfgang Bretholz (dem Stellvertreter des Chefredakteurs Theodor Wolff) in der Redaktion, als ein Anruf über den Brand im Reichstag sie erreichte. Über das, was sie anschließend erlebten, sprachen sie nach dem Krieg, als Wolfgang Bretholz seinen ehemaligen Kollegen vom *Tageblatt* Hans Weiss und seine Frau Ruth 1961 in Südafrika besuchte. Auf einer längeren Autofahrt redeten sie über die Brandnacht. Ruth Weiss fuhr den Wagen und hörte aufmerksam zu. Mit dabei war ein junger

Schweizer Fotograf; Wolfgang Bretholz arbeitete zu der Zeit für Schweizer Zeitungen. Frau Weiss erzählte dem Autor dieses Buches im Jahr 2021 von diesem Gespräch.

Als Weiss und Bretholz in der Redaktion des *Berliner Tageblatts* durch einen Anruf über den Brand informiert wurden, glaubten sie das zunächst nicht, weil wenige Tage zuvor das Schloss gebrannt haben sollte, was sich aber nur als kleines Feuerchen an einem Fenster des Schlosses herausgestellt hatte. Diesen Brand gab es tatsächlich; es war eine von drei dilettantischen Brandstiftungen van der Lubbes einige Tage vor dem Reichstagsbrand.

Weder Hans Weiss noch seine Frau wussten, dass das kleine Feuer am Schloss auf van der Lubbe zurückging, da Hans Weiss, der Deutschland sofort nach dem Reichstagsbrand verlassen hatte, das nie erfahren hat. Ruth Weiss hat all diese Dinge sowieso erst nach dem Krieg erfahren, als der ehemalige *Tageblatt*-Kollege Wolfgang Bretholz 1961 sie und Hans Weiss in Südafrika besuchte.

Die Redaktion des *Berliner Tageblatts* befand sich in der Schützenstraße, Ecke Jerusalemer Straße (in der Nähe des späteren Checkpoint Charlie). Von der südlichen Friedrichstraße, nahe an der Grenze zum Bezirk Kreuzberg, konnten Weiss und Bretholz den Feuerschein sehen, was darauf schließen lässt, dass sie frühestens um circa 21.25 Uhr informiert wurden, da der Brand aus größerer Entfernung erst nach der explosionsartigen Ausbreitung des Feuers und nach dem Aufschießen der Stichflammen aus der bereits zerstörten Kuppel zu sehen gewesen sein kann.

Am Reichstag angekommen, wurden sie von einem Polizisten durch eine Sperre gelassen (»Presse!«) und dort über die Brandstiftung und die bereits erfolgte »Verhaftung eines Kommunisten« informiert.

Hitler, Goebbels und Göring waren schon anwesend. Hans Weiss und Wolfgang Bretholz gingen zur Rückseite des Gebäudes, das Hans Weiss durch eine frühere Anstellung und damit verbundene Botengänge im Reichstag ganz gut kannte. Als sie versuchten, durch einen Nebeneingang hineinzugelangen, öffnete sich ein größeres Tor. Eine »Mannschaft« bestehend aus jungen Männern in Lodenmänteln und Stiefeln kam heraus; die Männer liefen zu einem wartenden Lastwagen, sprangen hinauf, und der Lkw fuhr ab.

Die beiden Journalisten betraten nun den brennenden Reichstag – etwas, das Frau Weiss so wiedergibt und sich nicht erklären kann, da doch einige Zeit zuvor bereits in der Innenstadt zu sehen war, dass der Reichstag lichterloh brannte. Diese Beobachtung macht die Aussage jedoch noch glaubhafter, wenn man sich vor Augen hält, dass nicht der gesamte Reichstag, sondern im Grunde fast nur der Plenarsaal im Reichstag wirklich gebrannt hatte. Die beiden Journalisten bemerkten im Reichstag einen Benzingeruch.

Hans Weiss und Wolfgang Bretholz kehrten zurück in die Redaktion, um ihren Bericht zu schreiben, doch musste die Druckerpresse bald angehalten werden, weil es den ersten Presseerlass von Goebbels gab, dass zum Reichstagsbrand keine eigenen Berichte verfasst werden durften. Spätestens in der Nacht des Reichstagsbrandes begann auch die Gleichschaltung der Presse.

Mit der Aussage der beiden Journalisten kehren wir zum Ausgangspunkt dieses Kapitels zurück, zu der Frage, ob Marinus van der Lubbe den Reichstagsbrand allein verursacht haben kann.

Abgesehen davon, dass Weiss und Bretholz angeben, bei ihrer Ankunft am Reichstag auf eine ganze Mannschaft gestoßen zu sein, deren Aufbruch sie beobachteten, ist bemer-

Gemeinsam mit Göring und Goebbels besucht Hitler den Tatort noch in der Brandnacht

kenswert, dass sie angeben, im Reichstag Benzingeruch wahrgenommen zu haben. Marinus van der Lubbe hatte, wie aus seiner Vernehmung und dem Prozess hervorgeht, kein Benzin oder andere Brandbeschleuniger bei sich. Mit seinen Kohleanzündern hatte er bereits in den Tagen vor der Reichstagsbrandnacht am Berliner Schloss, im Neuköllner Wohlfahrtsamt und im Roten Rathaus gezündelt. In der Tatnacht selbst dann, nach seinen eigenen Angaben, auch im Restaurant des Reichstages und in den Gängen. Aber erst der Plenarsaal ging plötzlich in Flammen auf und explodierte nahezu – den er angeblich lediglich mit einer brennenden Jacke angesteckt haben will. Die Glasdecken brachen, das Feuer schlug aus dem Dach, sodass es in der gesamten Innenstadt der Reichshauptstadt zu sehen war. Im weiteren Verlauf bezog das Feuer aus

Namensschilder der Abgeordneten wurden als »Scheiterhaufen« aufgeschichtet

dem brennenden Holz der Sitze, den Wandverkleidungen, Tischen und sonstigen Einrichtungsgegenständen zusätzliche Energie, die, was den Angaben van der Lubbes widerspricht, durch Chemikalien in Brand gesetzt worden sein müssen.

Eine wichtige Rolle spielten dabei die rund 1200 Namensschilder der Abgeordneten, die in einem Regal außerhalb des Plenarsaals hinter dem Tisch des Sitzungsvorstands gelagert wurden. Diese Schilder aus Hartpappe, etwa 13 mal 80 Zentimeter groß, zwei Millimeter dick und mit Klarlack überzogen, hatten die Funktion, den jeweils im Plenarsaal sprechenden und die sich zu Wort meldenden Abgeordneten anzuzeigen. Die Schilder wurden links und rechts des

Plenarsaals in entsprechende Vorrichtungen eingeschoben, ein Display aus Holz und Pappe. In der Wahlperiode, in die der Brand des Reichstags fiel, waren es 1168 Schilder für 584 Abgeordnete (zwei Schilder pro Abgeordneter); hinzu kamen Schilder für Sprecher der Regierung und des Reichsrates.

Aus diesen Schildern wurden mehrere Scheiterhaufen aufgeschichtet, die dazu erst einmal in den Plenarsaal getragen werden mussten – fragt sich nur, von wem? Tobias ignoriert dieses Detail und gibt auf diese Frage keine Antwort. Der frühere Direktor des Stenographenbüros des Reichstages und spätere Leiter des Stenographischen Dienstes des Deutschen Bundestags Ludwig Krieger schätzt, dass eine Person 10 bis 15 Minuten braucht, um alle Schilder in den Plenarsaal zu tragen. Diese Zeit hatte Marinus van der Lubbe aber nicht. Hinzu kommt, dass die Schilder recht gut versteckt waren, sodass fraglich ist, ob van der Lubbe sie finden konnte. Es war dunkel, van der Lubbe hatte, um die Szene auszuleuchten, nur seine brennenden Stofffetzen – und er war halb blind, so stark sehbehindert, dass er bei Aushilfsjobs in seiner Heimatstadt Leiden gelegentlich in das Wasser der Grachten fiel, weil er den Steg verfehlt hatte. Wie plausibel also ist es, dass er die Schilder entdeckte und anzündete? Diese Schilder wurden in keiner Vernehmung und auch nicht in der Gerichtsverhandlung erwähnt – ein weiterer Hinweis darauf, dass van der Lubbe nichts von ihnen wusste.

Wie viel Zeit hatte van der Lubbe?

Es ist nicht sicher, wie viele der circa 1200 Schilder in den Plenarsaal verbracht wurden; anhand eines Fotos und auch an der Tatsache, dass mehrere solcher Scheiterhaufen aufgeschichtet worden waren, kann man aber sicher von vielen Hundert Schildern ausgehen, die verbrannt worden sind. Dass Marinus van der Lubbe die Zeit fehlte, um nach seinem (angeblichen) Lauf durch das Reichstagsgebäude das Feuer im Plenarsaal zu entfachen und dazu auch noch die Schilder in den Plenarsaal zu schleppen – wer sonst hätte ihm das abnehmen können, wenn er doch der Alleintäter war? –, ist offensichtlich.

Das müssen wir uns etwas genauer ansehen, denn zusammen mit der Frage der benötigten Brandbeschleuniger ist die Zeitfrage das vielleicht wichtigste Indiz gegen die Alleintäterschaft van der Lubbes. Im Kern gehören diese beiden Fragen jedoch zusammen. Es geht dabei nicht um ein paar Sekunden oder Minuten, sondern um die (Un-)Möglichkeit, den Plenarsaal innerhalb einer Viertelstunde (die van der Lubbe nicht hatte) in ein flammendes Inferno zu verwandeln – ohne Hilfsmittel. Auch die Pappschilder sind keine Hilfsmittel; im Gegenteil, auch die Namensschilder sind ein klarer Hinweis auf mehrere Täter. Sie mussten aufgeschichtet und mit einer brennbaren Flüssigkeit (die van der Lubbe auch nicht hatte) übergossen und angezündet werden.

Der Einstieg gegen 21 Uhr selbst war, wie wir bereits gesehen haben, alles andere als eine Kleinigkeit, und es gibt eine ganze Reihe von Zweifeln daran, ob van der Lubbe auf diesem Wege in das Gebäude eingedrungen ist, ja, ob das praktisch und physisch überhaupt möglich sein kann.

Es geht uns aber hier um die Überprüfung der Hypothese, Marinus van der Lubbe habe allein gehandelt. Wenn dem so wäre, müssten *alle* vorgefundenen Tatspuren im Reichstag ausnahmslos von einer Person verursacht worden sein – die eingeschlagene doppelte Glasscheibe, die brennenden Vorhänge und Tischtücher, brennende Papiere, Brandflecken durch Kohlenanzünder, eine weitere eingeschlagene Glasscheibe, die Scheiterhaufen der Pappschilder, das Entflammen des Plenarsaals usw. All diese Taten konnte van der Lubbe erst nach 21 Uhr (dem Einstieg) und nur bis wenige Minuten vor 21.30 Uhr, dem Zeitpunkt seiner Verhaftung, bewerkstelligt haben. Das bedeutet aber nicht, dass van der Lubbe eine knappe halbe Stunde Zeit hatte, um das große Feuer vorzubereiten. Denn kurz vor van der Lubbes Verhaftung war das Feuer im Plenarsaal bereits explosionsartig aufgeflammt und hatte die Kuppel und die Glasdecke über dem Plenarsaal zerstört. Van der Lubbe gibt aber an, den Plenarsaal fast zuletzt betreten zu haben, nachdem er zweimal die Etage gewechselt hatte, durch die Wandelhalle gelaufen war und den Plenarsaal zunächst umkreist hatte, bevor er ihn betrat. Danach begab er sich noch kurz in den Bismarcksaal, kam wieder heraus und wurde außerhalb des Plenarsaals an dessen Südseite verhaftet.

Etwa zum gleichen Zeitpunkt explodierte das Feuer im Plenarsaal. Dazu bedurfte es eines sich systematisch entwickelnden Feuers. Wer schon einmal ein Lagerfeuer entfacht hat, weiß, dass es nicht genügt, ein brennendes Streichholz an ein Stück Holz zu halten. Man braucht Papier, Reisig, kleinere Äste; erst dann kann man ein größeres Stück Holz darüber legen, um die Zündtemperatur zu erreichen und es zum Brennen zu kriegen. Dies gilt natürlich auch für einen Großbrand wie den im holzgetäfelten Plenarsaal des Reichstages, mag das Holz auch noch so alt sein, wie die Vertreter der Alleintäterthese nicht müde werden, zu betonen. Auch die staubigen Vorhänge, auf die immer wieder Bezug genommen wird, reichen allein als Zündmaterial nicht aus, es sei denn, man begießt sie mit einer brennbaren Flüssigkeit. Entweder brauchte van der Lubbe mehr Zeit oder, wie der Name schon sagt, einen Brand*beschleuniger*, möglichst beides. Wie also ist der Vorgang zu erklären, da er weder das eine noch das andere zur Verfügung hatte?

Die Verteidiger der Alleintäterthese stehen, wie wir gesehen haben, vor einem Problem, das sich in aller Kürze so ausdrücken lässt: Im Reichstagsgebäude wurden in kurzer Zeit viele Schäden verursacht und dann ein Großbrand erzeugt, der innerhalb weniger Minuten den Plenarsaal komplett zerstörte. Eine allein handelnde Person kann all das nicht verursacht haben. Anders formuliert stellt sich die Frage: Haben die Nazis so gründliche Arbeit geleistet – in der Absicht, den Brand einer *Gruppe* kommunistischer Täter in die Schuhe zu schieben –, dass es später, in der noch jungen Bundesrepublik, größter Verdrehungen bedurfte, all diese Schäden und den Großbrand im Plenarsaal einem Alleintäter zuzuweisen?

Wir werden uns in einem späteren Kapitel mit der Frage zu beschäftigen haben, ob Rückstände von Brandbeschleunigern im Reichstag festgestellt worden sind, nehmen aber hier so viel vorweg, dass sowohl im Prozess betreffend den Reichstagsbrand als auch in späteren Jahren Gutachten vorgelegt wurden, die nicht nur zwingend belegen, dass erhebliche Mengen eines oder mehrerer Arten von Brandbeschleunigern notwendig waren; es wurden auch eindeutige Spuren von Brandbeschleunigern festgestellt.

Zunächst aber wollen wir uns mit den vielfältigen Vorgängen noch während und unmittelbar nach dem Brand beschäftigen, ein Brand, der es binnen kurzer Zeit zu einer echten Weltnachricht bringen sollte.

3 Nach dem Brand

Der 30. Januar 1933, der Tag der legalen Übertragung der Macht an Adolf Hitler durch den Reichspräsidenten Paul von Hindenburg, mit Franz von Papen als Strippenzieher im Hintergrund, wurde in der Bundesrepublik jahrzehntelang als Tag der »Machtergreifung« bezeichnet, was viele zu der spöttischen Frage provozierte, wie Hitler wohl die Macht ergriffen haben könnte? Lag sie auf der Straße und wer gerade vorbei kam, konnte sie aufheben?

Dieser etwas seltsame Begriff sollte, anders kann man das kaum verstehen, den Vorgang verschleiern und die Hauptverantwortlichen dieses Vorgangs, Hindenburg und von Papen, also die konservative, aristokratische und militärische Rechte, aus dem Fokus nehmen. Etwas verkürzt könnte man sagen, dass die Sozialdemokraten die Weimarer Republik schon ganz zu Beginn auf ein falsches Gleis gestellt hatten, als sie das revolutionäre Momentum vom 9. November 1918 nicht für die Schaffung einer vollkommen anderen Gesellschaft nutzten und der Kaiser zwar entmachtet war, die kaiserliche Gesellschaft aber nahezu unangetastet weiter existierte, und dass die konservativen und deutschnationalen Politiker dann die Republik Anfang 1933 krachend an die Wand fuhren, als sie Hitler an die Schalthebel der Lokomotive ließen (um keine zwei Monate später, längst selbst erniedrigt und entmutigt, Hitlers Ermächtigungsgesetz zuzustimmen).

In den letzten Jahrzehnten hat sich immerhin der Begriff der »Machtübertragung an Hitler« für diesen verhängnisvollen Vorgang vom 30. Januar 1933 durchgesetzt. Wenn aber der Begriff »Machtergreifung« auf irgendeinen Vorgang im Frühjahr 1933 wirklich zutrifft, dann auf die Nacht vom 27. auf den 28. Februar 1933. Ganz unabhängig von der noch zu klärenden Frage, ob der Reichstagsbrand von Marinus van der Lubbe oder von den Nazis selbst (oder gemeinsam, in welcher Form auch immer) angezündet wurde, besteht über einen Punkt keinerlei Zweifel und auch keinerlei Streit: Die Nazis haben den Brand des Reichstages verblüffend virtuos für ihre Absichten genutzt; haben innerhalb weniger Stunden Hunderte ihnen verhasste Politiker, Künstler und Intellektuelle eingesperrt oder gleich umgebracht, die linken Parteien innerhalb weniger Tage oder Wochen erledigt und *alle* Parteien innerhalb weniger Monate ausgeschaltet.

Als Erstes traf es die Kommunisten, die immerhin mit rund einhundert Abgeordneten im Reichstag vertreten waren. Der Schutz der parlamentarischen Immunität wurde erneut, wie schon bei der Durchsuchung der Fraktionsräume, mit Füßen getreten, auch gegenüber SPD-Abgeordneten. Einigen gelang es zu fliehen.

Vor dem Reichsgericht im Prozess gegen »van der Lubbe und Genossen« sagte Hermann Göring später unter Eid prahlerisch aus, warum er »in der Brandnacht so genau Bescheid wußte über die ganzen kommunistischen Funktionäre«. Er habe nämlich bereits im Herbst 1932 angelegte Listen überprüfen lassen, auf denen Personen und deren Wohnungen und Unterschlupfe erfasst waren, »die als Hauptagitatoren, Unruhestifter und Rädelsführer bereits hervorgetreten« waren »oder als solche verdächtigt« wurden.

»Am 30. Januar wurde ich Minister und am 1. Februar hatte ich bereits in meinem Ministerium zwei Herren, Ministerialdirektor Schütze und Ministerialrat Diels, von allen anderen Aufgaben abgesondert und sie ausschließlich mit dieser Aufgabe betraut. Also von vorneherein war schon an diesem ersten Tag diese Parole ganz klar ausgegeben worden, und die beiden Herren haben sofort alles andere liegen und stehen lassen und sind mit ganzer Energie in diesen Kampf gestiegen. Es ist das also sofort angeordnet worden, und auf diesen Erlaß ist es in allererster Linie zurückzuführen, daß ich im Augenblicke des Reichstagsbrandes in der Lage war, über viele tausend Adressen zu verfügen. Nun war man aber auch hier nicht etwa erst durch den Brand oder in der Brandnacht auf die schlaue Idee gekommen, sogenannte Stichbefehle herauszugeben, sondern das war auch alles schon vorher geschehen. Man muß ja immer bedenken, daß ich beabsichtigt hatte, den Kommunismus zu vernichten. Ich mußte also doch die Vorarbeiten dazu einleiten, und die waren auch eingeleitet worden. ... Also wir wußten da doch schon besser Bescheid, als die Herren Kommunisten geglaubt haben. Dann war dieser Schritt ein verhältnismäßig leichter, einfach sozusagen auf den Knopf zu drücken und zu sagen: so, jetzt wird die erste Garnitur und jetzt wird die zweite Garnitur verhaftet.«

Alles war vorbereitet: bereits Stunden *vor* dem Reichstagsbrand drückte Göring auf den Knopf »erste Garnitur verhaften«. Es erging folgender Funkspruch an die Dienststellen im Lande; in Oldenburg, eine frühe Nazi-Hochburg, ist das Fernschreiben erhalten geblieben:

»Kommunisten sollen am Tage der Reichstagswahl bzw. kurz vor- oder nachher zugleich mit dem Ziele der Entwaffnung planmäßige Überfälle auf Polizeistreifen und Angehörige nationaler Verbände unter Benutzung von Schuß-, Hieb- und Stichwaffen sowie behelfsmäßigen Waffen aller Art beabsichtigen. Überfälle auf Angehörige nationaler Verbände sollen besonders rücksichtslos durchgeführt und Aktionen derart getarnt werden, daß Urheber nicht erkennbar sind. Geeignete Maßnahmen sind sofort zu treffen, kommunistische Funktionäre erforderlichenfalls in Schutzhaft zu nehmen.« Man beachte das Wort »sofort«. Dieser Befehl wurde am 27. Februar 1933 nachmittags um drei Uhr erstellt und kurz nach 18 Uhr in die Länder abgesetzt, also mehrere Stunden vor dem Brand im Reichstag und etwa eine knappe Woche vor dem Wahlsonntag Anfang März.

Die Maschinerie mit dem Knopf »erste Garnitur verhaften« setzte sich noch in der Brandnacht in Bewegung. Es gab nicht einmal genug Polizeifahrzeuge für die Vielzahl der zu Ergreifenden. Als Egon Erwin Kisch verhaftet wurde, brachten ihn zwei Polizisten mit der U-Bahn zum Polizeipräsidium am Alexanderplatz. Kisch, der »rasende Reporter«, erst Österreicher, dann Tscheche, Journalist, Schriftsteller, der die Reportage als literarische Form etablierte, hatte Glück; er wurde nach einer Intervention der tschechischen Botschaft nach zehn Tagen Haft in die CSR abgeschoben. Ein anderer Zeuge, Max Köhler, berichtet von seiner Verhaftung am frühen Morgen, direkt nach der Brandnacht. Die beiden freundlichen Polizeibeamten erzählten ihm, dass sie aus Hannover abgeordnet worden waren, um ihren Kollegen in Berlin zu helfen. Sind sie mit dem Nachtzug nach Berlin gekommen? Wer hat das geplant? Immerhin gehörte Hannover zu Preußen, lag also im unmittelbaren Machtbereich Görings.

Die Verhaftungen setzten ein, Stunden bevor die Reichstagsbrandverordnung überhaupt in Kraft treten konnte. Ein weiterer klarer Rechtsbruch, wie auch die Verletzung der Immunität Hunderter Abgeordneter des Reichstages und der Landtage – aber um Rechtsbrüche ging es nun nicht mehr; was nun begann, war die Aufhebung des Rechts auf rechtlichem Wege, oder zumindest mit dem Anschein eines rechtlichen Rahmens.

Sebastian Haffner schrieb 1987 über den Brand des Reichstags als das »entscheidende Ereignis« bei der »Abräumung des politischen Feldes«, das »bis heute nicht wirklich aufgeklärt ist«. Mit ihm »wurde ein neues Element in die deutsche Politik eingeführt: der legale staatliche Terror.«

In seinem Buch *Geschichte eines Deutschen*, Ende der Dreißigerjahre im Exil geschrieben, nach seinem Tod 1999 in seinem Schreibtisch entdeckt und im Jahre 2000 erstmals erschienen, beschrieb Sebastian Haffner eindringlich die Atmosphäre jener Tage.

Am Abend des Reichstagsbrands hatte er mit Kommilitonen, Moselwein trinkend, über die aktuelle politische Lage diskutiert. Wen sollte man am kommenden Sonntag wählen? Unter den Rechtsreferendaren gab es auch Nazi-Anhänger. Haffner provozierte, indem er sagte, es sei doch wohl eine Frage des Geschmacks, die Nazis nicht zu wählen.

Spät ging man auseinander, das Radio war ausgeschaltet, niemand wusste etwas. »Gegen Mitternacht fuhren wir schläfrig in späten Autobussen nach Hause, während schon überall die Überfallkommandos unterwegs waren und ihre Opfer aus den Betten holten, den ersten großen Schub für die ersten Konzentrationslager: linke Abgeordnete, linke Literaten, unbeliebte Ärzte, Beamte, Anwälte. Erst am nächsten Morgen«, so Haffner weiter, »las ich in der Zeitung, der Reichstag brenne. Erst mittags las ich von den Verhaftungen. Ungefähr gleichzeitig wurde jene Verordnung Hindenburgs angeschlagen, die für die Privatleute Meinungsfreiheit, Brief- und Telefongeheimnis aufhob und der Polizei dafür unbeschränkte Haussuchungs-, Beschlagnahme- und Verhaftungsrechte gab. Am Nachmittag gingen Leute mit Leitern herum, biedere Handwerker, und begannen an allen Anschlagsäulen und Zäunen Wahlplakate säuberlich mit weißem Papier zu überkleben: Den Linksparteien war jede weitere Wahlpropaganda verboten worden. Die Zeitungen, soweit sie noch erschienen, berichteten fast ausnahmslos mit einem gewissen weichen, patriotisch-beseligten Jubelton über alles. Wir waren gerettet! Heil uns, Deutschland war frei! Am Sonnabend würden alle Deutschen mit dankgeschwelltem Herzen das Fest der nationalen Erhebung zusammen begehen! Fackeln heraus, Fahnen heraus!«[2] Haffner spottet weiter über den Reichstagsbrand: »Nun, vielleicht hatte es wirklich ein ›Fanal‹ für die Revolution sein sollen, und das ›entschlossene Zupacken‹ der Regierung hatte die Revolution dann verhindert. So stand es in der Zeitung und es ließ sich hören. Komisch allerdings auch, daß die Nazis sich gerade über den Reichstag so aufregten. Bis dahin hatten sie ihn immer ›Quatschbude‹ genannt, und jetzt auf einmal war es wie eine Schändung des Allerheiligsten, daß ihn einer angezündet hatte.« Einige Seiten später kommt Haffner abschließend auf den Brand zurück, indem er ihn mit der an den Haaren herbeigezogenen Begründung für den ersten Judenboykott am 1. April 1933 vergleicht, denn »die Begründung dieser Maßnahme ließ den Fortschritt ermessen, den die Nazis seit einem Monat gemacht hatten. Die Legende vom geplanten Kommunistenputsch, die man damals erzählt hatte, um die Verfassung und die bürgerliche Freiheit abzuschaffen, war noch eine gutkonstruierte, auf Glaubwürdigkeit bedachte story gewesen; ja, sogar eine Art Augenscheinsbeweis zu konstruieren hatte man noch für nötig gehalten, indem man den Reichstag brennen ließ. Die offizielle Begründung des Judenboykotts war bereits eine freche Beleidigung und Verhöhnung derjenigen, denen man zumutete, so zu tun, als glaubten sie daran.«[3]

Wir zitieren das so ausführlich, weil Sebastian Haffner hier pointiert eine weitverbreitete Wahrnehmung des Brandes in den Reihen linksliberaler, skeptischer und besser informierter Kreise wiedergibt.

Die »Verordnung zum Schutz von Volk und Staat«, die verdächtig schnell formuliert, beschlossen, von Hindenburg unterschrieben, verkündet, gedruckt und an die Wände und Litfaßsäulen geklebt worden war – für all das benötigte man kaum mehr als 12 Stunden –, war die Grundlage des »legalen, staatlichen Terrors«, und sie blieb bis 1945 in Kraft.

Diese Notverordnung besagte nicht nur, dass sämtliche elementaren Grundrechte außer Kraft gesetzt wurden, und zwar für alle, weil angeblich Kommunisten den Reichstag angezündet haben sollten, es stellte darüber hinaus Delikte wie Brandstiftung oder die Herbeiführung einer Sprengstoffexplosion unter Todesstrafe. Damit war im Grunde die Enthauptung van der Lubbes schon einen Tag nach der Brandstiftung vorbereitet, allerdings galt diese Verordnung (noch) nicht für die Tat Marinus van der Lubbes, die ja, logischerweise, *vor* der Reichstagsbrandverordnung stattgefunden hatte. Um dieses juristische Problem zu lösen, musste noch ein weiteres »Gesetz« erlassen werden, auf das wir noch zurückkommen werden.

Deutlich früher als Sebastian Haffner erfuhr – als Zeugin der Atmosphäre direkt nach dem Brand – die damalige Alterspräsidentin des Reichstages, Marie-Elisabeth Lüders, nach der heute der große Block der Abgeordnetenbüros direkt gegenüber dem Reichstagsgebäude benannt ist, von den Vorgängen. Am 24. Januar 1956 schrieb sie an den Leiter der Bundeszentrale für Heimatdienst (heute: Bundeszentrale für politische Bildung) in einem Brief, der »vorerst nicht zur Veröffentlichung« bestimmt war: »Aufgrund meiner Anwesenheit am Brandabend auf einer gesellschaftlichen Veranstaltung, an der verschiedene hohe Parteifunktionäre, Herren des Diplomatischen Corps, Reichstagsabgeordnete usw. teilnahmen, glaube ich, Ihnen ergänzende Mitteilungen machen zu können, die ein klärendes Licht auf die tatsächlichen Vorgänge abgeben können. Aus dem Verhalten der anwesenden Parteifunktionäre ging für mich und für einen meiner direkten Nachbarn an einem dem Haupttisch zunächst stehenden Tisch vollkommen eindeutig hervor, dass es sich um ein der Sache und dem Zeitpunkt nach verabredetes Unternehmen gehandelt hat.«[4]

Ein interessantes Zeugnis gibt auch Ernst »Putzi« Hanfstaengl ab, der vor allem als »Klavierspieler Hitlers« bekannt ist. Doch er war nicht nur Hitlers Klavierspieler, sondern seit 1931 auch Auslandspressechef der NSDAP. In dieser Funktion hatte er infolge Hitlers Kanzlerschaft von München nach Berlin übersiedeln müssen und wohnte zunächst in Görings Dienstwohnung, dem Reichstagspräsidentenpalais, jenem Gebäude gegenüber dem Reichstag, in dem heute, in der Berliner Republik, inzwischen schon fast traditionell die Koalitionsverhandlungen nach Bundestagswahlen stattfinden. Hanfstaengl war an diesem Abend krank und habe daher eine Einladung Joseph Goebbels' zum Abendessen mit Hitler absagen müssen. Als Hanfstaengl den Brand im Reichstagsgebäude direkt gegenüber wahrnahm, rief er in Goebbels' Wohnung an. Dies kann frühestens kurz vor 21.30 Uhr gewesen sein; früher konnte er den Brand nicht bemerken. Zunächst habe Goebbels ihn abgewimmelt und die Aussage Hanfstaengls, der Reichstag brenne, für einen schlechten Scherz gehalten. Schließlich, einige Telefonate später, glaubte man ihm. Hitler und Goebbels rasten nun im Mercedes mit überhöhter Geschwindigkeit, Begleitfahrzeug vorweg, die große West-Ost-Achse, vom Reichskanzlerplatz im Westend über die Bismarckstraße und die Charlottenburger Chaussee durch den Tiergarten zum brennenden Reichstag.

Diese Geschichte mit den mehrmaligen Anrufen Hanfstaengls wird von Vertretern der Alleintäterthese nur allzu gern, hier und da etwas ausgeschmückt, hervorgeholt, um die Überraschung Hitlers und Goebbels' zu beschreiben und die Alleintäterschaft van der Lubbes zu unterstreichen. Erwähnt wird in dieser Argumentation leider nie, wie Hanfstaengl sich später, nach dem Krieg, über den Abend äußerte. Er habe bei seinen Telefonaten mit Goebbels das Gefühl gehabt, ihm sei ein Theater vorgespielt worden. Selbst seine Einladung zum Abendessen (die er krankheitsbedingt ausschlagen musste) und die mehrfach, auch noch am Abend des 27. Februar telefonisch wiederholt worden war, sei ihm im Nachhinein so erschienen, als habe man ihn als Kronzeuge des Überraschtseins Goebbels' und Hitlers einspannen wollen. Da die Eindrücke Hanfstaengls die schöne Geschichte vom vollkommen überraschten »Führer« und seines obersten Volksverhetzers stören würde, lässt man diesen Teil von Hanfstaengls Aussagen lieber unter den Tisch fallen. Allerdings ist auch an der gesamten Hanfstaengl-Geschichte nichts sicher. Nach einer Aussage des Nachtpförtners des Reichstagspräsidentenpalais, Paul Adermann, hielt Hanfstaengl sich am Brandabend überhaupt nicht in der Göring-Wohnung auf. Möglicherweise hat Hanfstaengl an einer anderen Abendgesellschaft teilgenommen, wie er Martha Dodd, Tochter des US-Botschafters, berichtete. Sicher ist nur, dass Hanfstaengl nach dem Krieg äußerte, möglicherweise für die Legende der überraschten Nazis bewusst missbraucht worden zu sein, dass jedoch kein Vertreter der Alleintäterthese diese Aussage erwähnt.

Hitler und Goebbels rasten mit einem Begleitfahrzeug von Goebbels' Wohnung am Reichskanzlerplatz (nahe dem Funkturm) bis zum Brandenburger Tor über eine breite, schnurgerade und vorfahrtsberechtigte Straße, die um diese Tageszeit recht leer gewesen sein dürfte. Die Entfernung beträgt weniger als acht Kilometer, und die Fahrt dürfte nur wenig mehr als zehn Minuten gedauert haben.

Auffällig ist das viel frühere Eintreffen des »Hausherrn«, des Reichstagspräsidenten Hermann Göring, am Brandort; er hat sich über sein Verhalten am Brandort in Widersprüche verwickelt, so auch im Reichstagsbrandprozess. Natürlich traute sich niemand, den sich widersprechenden Angaben Görings nachzugehen – dazu war dieser schon viel zu mächtig.

Göring, der am Brandabend im Innenministerium gearbeitet haben will, empfing Goebbels und Hitler vor dem Reichstag und berichtete von einem ersten Festgenommenen, einem »holländischen Kommunisten«. Von den dann folgenden Äußerungen Hitlers gegenüber verschiedenen Zeugen sind unterschiedliche Versionen bekannt, die sich zwar je nach Zeuge etwas, jedoch nicht wesentlich voneinander unterscheiden. »Es gibt jetzt kein Erbarmen. Wer sich uns in den Weg stellt, wird niedergemacht. Das deutsche Volk wird für Milde kein Verständnis haben. Jeder kommunistische Funktionär wird erschossen, wo er angetroffen wird. Die kommunistischen Abgeordneten müssen noch in dieser Nacht aufgehängt werden. Alles ist festzusetzen, was mit den Kommunisten im Bunde steht. Auch gegen Sozialdemokraten und Reichsbanner gibt es jetzt keine Schonung mehr.« Statt »alle kommunistischen Abgeordneten noch in dieser Nacht aufzuhängen«, wählte man wieder den scheinlegalen Weg über die bereits genannte »Notverordnung zum Schutz von Volk und Staat«, auch Reichstagsbrandverordnung genannt.

In seinem kenntnisreichen Buch *Februar 1933* mit dem Untertitel *Der Winter der Literatur* hat Uwe Wittstock, jahrzehntelang Feuilleton-Mitarbeiter verschiedener Zeitungen und Zeitschriften, die Stimmungslage des linken Lagers der Journalisten, Redakteure und Literaten der Weimarer Republik beschrieben. Der im Titel benannte Zeitraum *Februar 1933* bezeichnet ziemlich genau die Zeit des Beginns der Kanzlerschaft Hitlers bis zum Reichstagsbrand.

Die Ernennung Hitlers zum Reichskanzler am 30. Januar 1933 ist für die allermeisten ein Schock. Sofort beginnen untereinander die Diskussionen über die Möglichkeit, das Land zu verlassen – solange es noch möglich ist. Aber das ist nicht einfach. Man hat Verpflichtungen, eine Familie, eine Wohnung, bescheidenen Besitz, Aufträge oder Projekte, eine Verbundenheit mit dem Land, in dem man aufgewachsen ist und dessen Sprache man spricht. Auch politisch sei das falsch, schrieb Bertolt Brecht. Weggehen sei wie seinen Posten verlassen. Wer über Kämpfer verfüge, die weggehen könnten, solle gar nicht erst in die Schlacht ziehen. Diese Zeilen wurden vor dem so von niemandem vorhergesehenen »legalen staatlichen Terror« geschrieben; bald aber stellte sich die Frage, ob Flucht nicht sogar die wichtigste Voraussetzung wäre, um den Kampf gegen den Faschismus »von draußen« fortsetzen zu können.

Die Auswanderungspläne Bertolt Brechts und Helene Weigels wurden durch die Tatsache, dass ihre zweijährige Tochter Barbara noch keinen eigenen Pass besaß, blockiert. Sie reisten am Morgen nach der Brandnacht nach Prag aus, Tochter Barbara folgte unter abenteuerlichen Umständen.

Heinrich Mann, der im Januar 1933 aus der Preußischen Akademie der Künste ausgeschlossen wurde, plante mithilfe seiner Lebensgefährtin Nelly Kröger, die er später heiratete, seine Auswanderung noch vor dem Reichstagsbrand und ist damit eher die Ausnahme. Er setzte den Plan um, indem er zunächst allein und möglichst unauffällig nach Frankreich reiste und Nelly mit der Wahrnehmung der gemeinsamen finanziellen Angelegenheiten beauftragte.

Zwei Mal, 1932 und im Februar 1933 (!), hatte er gemeinsam mit Albert Einstein, Käthe Kollwitz und anderen einen »Dringenden Appell« an die Arbeiterparteien SPD und KPD gerichtet, endlich zusammenzuarbeiten, um den aufkommenden Faschismus zu verhindern – vergeblich.

Kaum war Heinrich Mann seine Flucht gelungen, standen schon SA-Männer vor der Tür seiner Wohnung, konnten nun aber nur Nelly mit aufs Polizeirevier nehmen. Es gelang ihr bald darauf, über Dänemark auszureisen und Heinrich Mann nach Frankreich zu folgen. Auf abenteuerlichen Wegen und mit viel Glück schafften sie es dann 1940 (zusammen mit den Ehepaaren Werfel und Feuchtwanger) zu Fuß über die Pyrenäen nach Lissabon, um von dort in die USA zu gelangen, wo sie ein unglückliches Emigrantenschicksal erwartete – und Nelly Mann sich im Dezember 1944 das Leben nahm.

Carl von Ossietzky, Chefredakteur der *Weltbühne*, wurde von verschiedenen Seiten bestürmt, das Land zu verlassen. Immerhin war er schon vor der Hitlerzeit wegen »Spionage« inhaftiert gewesen, weil er geheime und im Versailler Vertrag verbotene Aufrüstungsprojekte der noch demokratisch legitimierten letzten Regierungen der Weimarer Republik öffentlich gemacht hatte; er hatte damit eine Art *SPIEGEL*-Affäre der Weimarer Republik ausgelöst – nur dass die *SPIEGEL*-Affäre für Augstein glücklich ausging, sehr im Gegensatz zum Schicksal Ossietzkys.

Mal ließ er ein Ticket ins Ausland buchen, dann wieder verkündete er, zu bleiben. Am Tag nach dem Reichstagsbrand wurde er verhaftet; man hatte ihm zunächst eine Rolle im Reichstagsbrandprozess zugedacht: als Mittäter van der Lubbes. Ossietzky verstarb 1938 an den Folgen der Folterungen und einer TBC-Erkrankung, die er sich im KZ zugezogen hatte.

Niemand wusste, woran er war. Brecht überlegte, sich eine Zeit im »sicheren« Bayern (wo er im August 1932 ein Landhaus gekauft hatte) aufzuhalten, bis der Spuk vorbei wäre. Und was sollte das schon sein, dieser Spuk? Natürlich ist es leicht, heute zu sagen, alle Nazi-Gegner hätten fliehen sollen, aber das setzt voraus, dass man wusste, was da kommen wird; doch genau das weiß man nie.

Vor einigen Jahren sorgte eine Meldung für Aufsehen, nach der Brecht seit dem Jahreswechsel 1932/1933 seine Flucht akribisch vorbereitet haben soll, da er über den bevorstehenden Reichstagsbrand oder ein ähnliches, in der Bedeutung vergleichbares Ereignis schon sehr früh informiert worden sei. Genährt wird dieses Gerücht durch eine ziemlich obskure Runde am Silvesterabend 1932 in Brechts Wohnung. Brecht hatte alte Freundschaften gepflegt, auch wenn man sich politisch sehr weit voneinander entfernt hatte. Es ist nicht klar, wer genau an diesem Abend bei Brecht zu Gast war und wie sie dorthin gekommen sind. Hatte Brecht Ernst von Salomon, der in den Mord an Walther Rathenau involviert gewesen war, eingeladen, oder hat einer der anderen Gäste, etwa der mit ihm befreundete Maler und Schriftsteller Rudolf Schlichter, ihn mitgebracht? War Ernst Jünger anwesend?

Es stellt sich aber die Frage, ob eine Voraussage über einen geplanten Reichstagsbrand (oder Ähnliches; viel war damals auch von einem fingierten Attentat auf Hitler die Rede, das dem gleichen Zweck dienen sollte) vier Wochen, bevor Hitler überhaupt Kanzler wurde, nicht doch etwas zu fantastisch anmutet. Nichts deutete Ende 1932 darauf hin, dass Hitler vier Wochen später Reichskanzler sein würde, doch dies ist ja die unabdingbare Voraussetzung, um mithilfe des großen

Feuers und als Besitzer aller staatlichen Machtmittel jegliche Opposition auszuschalten. Möglich ist aber, dass Brecht an diesem Abend eine Ahnung davon bekam, wie entschlossen die Feinde der Republik waren, ihr Zerstörungswerk fortzusetzen und der lästigen Republik den Todesstoß zu versetzen.

Der Schriftsteller Walter Mehring erhielt eine einigermaßen kryptische »Reiseempfehlung«, indem ein Mitarbeiter des Auswärtigen Amtes seine Mutter am Tag vor dem Reichstagsbrand besuchte und ihr bzw. ihrem Sohn empfahl, nach Paris zu reisen, wo er sich doch immer sehr wohlgefühlt habe. Wie lange die Reise dauern könnte, fragte die Mutter. Etwa 15 Jahre, lautete die Antwort. Der Besucher machte darüber hinaus deutlich, dass es in den nächsten Tagen viele Verhaftungen geben werde. Auch dieser Bericht, sofort von Walter Mehring Ossietzky zur Kenntnis gebracht, änderte Ossietzkys Meinung nicht. Er blieb.

Es war der Reichstagsbrand, der alles veränderte. Jetzt ging es nicht mehr ums Abwägen oder Diskutieren, sondern um möglichst schnelles Handeln. »Ein historischer Tag ersten Ranges«, schrieb Harry Graf Kessler am 27. Februar spät abends in sein Tagebuch. »Das geplante Attentat hat heute stattgefunden, aber nicht auf Hitler, sondern auf das Reichstagsgebäude.« Und am 28. Februar: »Niemand, den ich gesprochen habe, glaubt an eine ›kommunistische Brandstiftung‹«. Wenn aber die neuen Machthaber es tatsächlich gewagt hätten, den Reichstag zu zerstören, dann musste man ab sofort mit dem Schlimmsten rechnen. Ein absoluter Tabubruch – und eine Kampfansage. Widerstand war offensichtlich zwecklos, es blieb nur untertauchen oder fliehen; besser: untertauchen, um zu fliehen.

Der KPD-Abgeordnete und Wahlkampfleiter Ernst Schneller war bereits vor der Machtübertragung an Hitler untergetaucht. Am 27. Februar hielt er sich in seiner Wohnung im Berliner Bezirk Wedding auf, um die Wäsche zu wechseln. Er wollte sich nur kurz auf dem Sofa ausruhen, schlief aber fest ein. Seine Frau wollte ihn nicht wecken, was ihm zum Verhängnis wurde. Als etwa 20 SA-Männer an die Tür hämmerten, hatte er keine Chance. Schneller verlangte einen Haftbefehl; der Anführer des Trupps zeigte nur auf seine Waffe. »Für Kommunistenschweine gibt's nur dies hier.« Schneller wurde im Oktober 1944 im KZ Sachsenhausen, nördlich von Berlin, erschossen.

Der KPD-Vorsitzende Ernst Thälmann wurde am 3. März 1933, zwei Tage vor der Reichstagswahl, verhaftet und kam ebenso wie Ernst Schneller nie wieder frei. Nach mehr als elf Jahren Einzelhaft wurde er im August 1944, vermutlich auf Befehl Hitlers, im KZ Buchenwald erschossen. Zwar war er bei seiner Verhaftung Reichstagsabgeordneter und besaß daher parlamentarische Immunität, wiedergewählt wurde er auch, doch diese Immunität war nun weniger wert als ein Stück Papier. Aber was heißt hier Immunität? Die von der KPD eroberten Mandate wurden kurzerhand annulliert. Kein Mandat, keine Immunität, so einfach ging das.

Einem Teil der SPD-Reichstagsabgeordneten wurde eine Schonfrist eingeräumt; so durften sie zunächst noch ihre Mandate annehmen und ihre Plätze im Ersatz-Parlamentsgebäude, der Kroll-Oper gleich gegenüber dem Reichstagsgebäude einnehmen. Das Erscheinen des *Vorwärts* wurde »nur« für zwei Wochen verboten.

Im neuen Reichstag, dem die KPD schlicht nicht mehr angehörte, weil es keine Abgeordneten mehr gab, die sich auf den Weg dorthin machen konnten (und jeder, der dort erschienen wäre, sofort verhaftet worden wäre), drehte sich von Anfang an alles um das von Hitler geforderte Ermächtigungsgesetz. Alle Parteien außer der SPD (und der nicht anwesenden KPD) stimmten am Ende für das Gesetz und entmachteten sich nach einem unwürdigen Schauspiel selbst.

Mit Blick auf den Reichstagsbrand schrieb Golo Mann in seiner *Deutschen Geschichte des 19. und 20. Jahrhunderts*: »Wenn die Führer der Opposition diesen, jedem einsichtigen Kinde offenbaren Schwindel nicht hinnahmen, wenn sie den wahren Brandstifter, Hitler und seine Leute, stark und einstimmig beim Namen nannten, dann mußten Präsident und Armee und Konservative, ob sie wollten oder nicht, den Entschluß vom 30. Januar rückgängig machen. Was dann gekommen wäre, kann niemand sagen. Wenn umgekehrt Adel und Bürgertum die Untat hinnahmen, den Feuerzauber zu glauben vorgaben, dann mußten sie von nun an schlucken, was ihnen geboten wurde …«

Wie die Nazis dieses elende und offensichtlich die Verfassung brechende Ermächtigungsgesetz, das sie unbedingt brauchten, um den Bürgern (und der Reichswehr!) ihre Diktatur irgendwie legal erscheinen zu lassen, durchsetzten, ist an Zynismus und Hinterhältigkeit kaum zu überbieten, aber das war ja in den vergangenen sieben Wochen schon fast zur Normalität geworden.

Hauptfeind der Nazis waren die Kommunisten, aber der Hass auf die Sozialdemokratie war kaum geringer, denn sie waren im kenntnislosen und verworrenen Geschichtsbild der Nazis die »Novemberverbrecher« gewesen, die Partei galt ihnen als »Partei der Deserteure«. Wie falsch diese Bilder sind, sieht man schon an der Tatsache, dass die SPD Hunderttausende Mitglieder in den Schlachten des Ersten Weltkriegs verloren hat. Und ausgerechnet die Sozialdemokraten sollten »Novemberverbrecher« sein (dieser damals sehr wirkungsvolle Kampfbegriff bezieht sich auf die Revolution vom

9. November 1918), obwohl die Führung der SPD die kaiserliche Kriegspolitik all die Jahre mitgetragen hatte und die Revolution, die den Krieg beenden sollte, vom ersten Tag an bekämpft hatte?

Dass die SPD noch in der Kroll-Oper Platz nehmen durfte, dürfte auch der Tatsache geschuldet sein, dass für ein Gesetz wie das Ermächtigungsgesetz zwei Drittel aller Abgeordneten anwesend sein mussten; von diesen Anwesenden mussten wiederum zwei Drittel zustimmen.

Auch die SPD-Fraktion war dezimiert. Es fehlten Abgeordnete, die bereits verhaftet worden waren, andere waren so schwer von der SA misshandelt worden, dass sie nicht an der Sitzung teilnehmen konnten. Die Immunität der sozialdemokratischen Abgeordneten wurde ausdrücklich aufgehoben, und das selbstverständliche und rechtlich zwingende Verlangen der SPD, dass die Haft eines Teils ihrer Abgeordneten sofort zu beenden ist, um in den Kreis der Volksvertreter zurückzukehren, wurde mit scheinheiligen Begründungen abgelehnt. Den ihnen zustehenden Sitz im Präsidium bekamen die Sozialdemokraten auch nicht, wobei die Konservativen, wie auch schon 1932, mit den Nazis gemeinsame Sache machten.

An die Stelle des Rechts, das aber schon vor 1933 reichlich ausgehöhlt worden war, traten Terror und Willkür. Was sich, um nur ein Beispiel zu nennen, im Laufe des Jahres 1933 im Berliner Bezirk Köpenick abspielte (Stichwort Köpenicker Blutwoche), kann hier nicht beschrieben werden. Es sind Szenen ungeheurer Brutalität, Niedertracht und sadistischer Grausamkeit. Die meisten Opfer in Köpenick waren Sozialdemokraten.

Und was wurde den bürgerlichen Parteien nun angeboten, das sie, wir erinnern uns an das Golo-Mann-Zitat, »zu schlucken« hatten? Eigentlich waren viele der mehr oder weniger konservativen Parteien gegen das Ermächtigungsgesetz, letzten Endes aber stimmten sie zu. Hitler machte großzügige Versprechungen – und hielt sie nicht ein.

Die Zentrumspartei stellte Bedingungen, die Hitler zu akzeptieren vorgab, aber mithilfe unglaublicher Taschenspielertricks nicht einlöste. Man hatte einen Brief von Hitler verlangt, in dem er Garantien abgab über: die Absicherung der dem Zentrum angehörenden Beamten, die Unabhängigkeit der Richter, den Fortbestand der Länder und zur Wahrung der Rechte der christlichen Konfessionen.

Hitler beteuerte, den gewünschten Brief geschrieben zu haben, er habe ihn dem Innenminister zugeschickt, der sollte ihn an das Zentrum weiterleiten. Währenddessen lief die Reichstagssitzung weiter; es gab drei Lesungen an einem Tag. Wo der Brief nun sei, fragte der Zentrums-Vorsitzende. Ein Bote sei unterwegs, aber er käme nicht durch die Absperrungen rund um die Kroll-Oper. Es kam zur dritten Lesung, nichts kam, das Zentrum stimmte trotzdem zu. Den Brief Hitlers hat es nie gegeben.

Der Selbstentmachtung des Parlaments stimmten unter anderem Theodor Heuss, der erste Bundespräsident nach dem Krieg, Reinhold Maier, erster Ministerpräsident Baden-Württembergs nach dem Krieg sowie späterer FDP-Bundesvorsitzender und Ernst Lemmer (CDU), in den Fünfziger- und Sechzigerjahren Bundesminister in verschieden Ressorts, zu.

Mit dem Ermächtigungsgesetz hatten die Nazis alle Ziele erreicht – vorläufig. Natürlich waren die »großen« Ziele ganz andere; das Ermächtigungsgesetz und die daraus entstehende Lage stellte ja nur die notwendige Voraussetzung für alles Weitere dar.

Seit der Machtübertragung an Hitler, den der Vizekanzler Franz von Papen – wir erinnern uns – innerhalb von zwei Monaten so in die Ecke gedrängt haben wollte, dass er quietscht, hatte sich das Land vollkommen verändert. Die Nazis hatten sofort sämtliche Waffen des Staates unter ihre Kontrolle gebracht, hatten die SA- und SS-Verbände zu »Hilfspolizisten« erhoben, behinderten massiv den Wahlkampf anderer Parteien, verboten Zeitungen und nutzten das neue Medium Radio einseitig für ihren Wahlkampf.

Dann brannte der Reichstag. Mit der Notverordnung am nächsten Tag wurden elementare Rechte abgeschafft; Verhaftungen, Verfolgung, Folter und Mord setzten schlagartig ein. Drei Wochen später wurde vom Reichstag das Ermächtigungsgesetz verabschiedet, eine weitere Woche darauf die Lex van der Lubbe. Am 1. April wurde ein erster Judenboykott verkündet. Der 1. Mai wurde zum Feiertag erklärt, am 2. Mai die Gewerkschaften verboten. Am 10. Mai inszenierten die Nazis die Bücherverbrennung auf dem Opernplatz in Berlin-Mitte. Am 21. Juni wurde die SPD verboten. Die Nazis scheuten sich auch nicht, gegen den eigenen Koalitionspartner, die Deutschnationale Volkspartei, vorzugehen, die sich eine Woche später auflöste. Ihre Abgeordneten traten der NSDAP-Fraktion bei. Eine weitere Woche verging, bis sich das Zentrum und die Bayerische Volkspartei auflösten. Dem Reichstagsbrand folgte eine Willkürmaßnahme nach der anderen, die noch zu »schlucken« war; wer A zuließ, musste auch B und C hinnehmen, und das Nazi-Alphabet war verdammt lang.

Ende August zog Hitler auf dem Reichsparteitag der NSDAP Bilanz: Nun gäbe es nur noch eine Partei, die NSDAP. Vor Siemens-Arbeitern in Berlin triumphierte er: »Wir haben in diesen neun Monaten Ungeheuerliches erreicht. Vielleicht wird mancher unter Ihnen sein, der es mir nicht verzeihen kann, dass ich die marxistischen Parteien vernichtete, aber mein Freund, ich habe die anderen genauso vernichtet!«

Das Land war bereits vollkommen unter der Kontrolle der Nazis, als am 21. September 1933 in Leipzig der Reichstagsbrandprozess begann. Die Rechtsgrundlage für diesen Prozess wurde *nach* dem Brand entscheidend verändert. In der Reichstagsbrandverordnung wurde zunächst bestimmt, dass, merkwürdig genug, »hochverräterische« Brandstiftung mit der Todesstrafe geahndet werde. Da aber diese Verordnung natürlich erst nach dem Brand des Reichstages beschlossen und verkündet werden konnte, entschied die Regierung eine Woche nach der Verabschiedung des Ermächtigungsgesetzes, dass die Wirksamkeit der Reichstagsbrandverordnung auf den gesamten Februar 1933 vorverlegt wurde – das war die Lex van der Lubbe. Vollkommen unrechtmäßig, geradezu eine Verhöhnung jeglichen Rechtsempfindens, aber scheinlegal genug, um damit den Weg van der Lubbes – und auch anderer Angeklagter? – zur Guillotine frei zu machen. Sehen wir uns nun diesen Prozess an, eine scheinlegale Veranstaltung, eine Farce. Und doch sollten die Nazis, trotz aller Bemühungen, diese Inszenierung nicht so recht in den Griff bekommen.

4 Der Prozess

Wir müssen auch bei der Betrachtung des Prozesses betreffend den Reichstagsbrand uns zuallererst einige Grunddinge vor Augen führen, um uns in dem nun folgenden Gestrüpp zurechtzufinden. Vertieft man sich in dieses reale und sozusagen live aufgeführte und anfangs sogar im Rundfunk übertragene Theater, kommt man aus dem Staunen nicht mehr heraus. Alle Hintergründe lassen sich nicht mehr rekonstruieren, aber das, was auf dem Tisch liegt, hat es in sich.

Zwar manipulierten die Nazis – so wurde der zunächst zuständige Untersuchungsrichter ausgewechselt, weil er früher scharf gegen die Nazis vorgegangen war – hinter den Kulissen vor und während des Prozesses, konnten aber nicht verhindern, dass dieser Prozess für sie in einem Fiasko endete. Nur die von vornherein beabsichtigte scheinlegale Hinrichtung van der Lubbes wurde erreicht.

Der Prozess gegen »Marinus van der Lubbe und Genossen« fand in der höchsten richterlichen Instanz des Deutschen Reiches, dem in Leipzig angesiedelten Reichsgericht statt – und damit zugleich in der letzten. Wenn eine Straftat – »hochverräterische Brandstiftung« – sofort in der allerhöchsten Instanz eines Staates verhandelt wird – wo will man da noch in Berufung gehen? Tatsächlich wurde Marinus van der Lubbe keine drei Wochen nach dem erst- und zugleich letztinstanzlichen Urteil auf das Schafott gelegt, und das Beil fiel.

Diese Hinrichtung ist vielleicht die grauenhafteste Einzelheit des gesamten Reichstagsbrandkomplexes. Wir nehmen sie hier vorweg, weil die Notwendigkeit, Marinus van der

Lubbe unbedingt zu beseitigen, die einzige Erklärung dafür ist, warum die Nazis nach dem Brand in mehreren Schritten eine entsprechende Gesetzeslage geschaffen haben. Verbrecher hatten sich an die Spitze des Staates gestellt, und sie handelten auch wie Verbrecher, als sie den nützlichen Idioten Marinus van der Lubbe nach getaner Arbeit zum Schweigen brachten.

In diesen Minuten, angesichts des Fallbeils im Hof des Untersuchungsgefängnisses, muss Marinus van der Lubbe klar geworden sein, dass er benutzt und verraten worden war. Bis dahin scheint er alles für ein Spiel gehalten zu haben, in dem er nicht verlieren kann, nun aber wurde ihm klar, dass sein gewaltsamer Tod unmittelbar bevorstand.

Es müssen sich in den letzten Augenblicken vor der Hinrichtung fürchterliche Szenen abgespielt haben. Ein anwesender Gerichtsmediziner, der bald darauf Deutschland verlassen hatte, berichtete später, dass Marinus van der Lubbe noch kurz vor der Hinrichtung nach der ihm versprochenen Belohnung gefragt habe. Darüber informiert der Journalist Ferdinand Kugler, der wegen seiner Berichte über den Reichstagsbrand aus Deutschland ausgewiesen worden war.

Als nun noch einmal das Todesurteil verlesen wurde, und auch angesichts des anwesenden Richters, des Henkers und des Fallbeils, »tobte und schrie er und musste Schritt für Schritt zum Schafott geschleppt werden. Noch in letzter Minute gelang es ihm, sich einen Augenblick von den vier Wärtern, die ihn zum Fallbeil zerrten, loszumachen. Er schlug dabei einem Wärter einen Zahn aus. Während der ganzen Zeit brüllte er laut und beschuldigte, wie es in der Meldung heißt, ›mehrere sehr hochstehende Personen der deutschen Regierung‹ in schärfster Form.« Dies berichtete das *Prager Montagsblatt*, eine Emigrantenzeitung.

Darüber hinaus gibt es die Aussage des damaligen Gerichtsreferendars Siegfried Teuscher, der von einem höheren Stockwerk des Gerichtsgebäudes das Szenario der Hinrichtung Marinus van der Lubbes im Hof des Untersuchungsgefängnisses miterleben musste. Als van der Lubbe den Hof betrat, so Teuscher, habe er laut aufgeschrien und sich heftig gewehrt. Unter den damaligen Leipziger Richtern wurde die Szene noch tagelang heftig diskutiert. Die Aussage Teuschers stammt aus dem Jahre 1967.

Ein Jahr zuvor gab die Witwe des Vorsitzenden Richters Wilhelm Bünger zu Protokoll, dass ihr schon 1937 verstorbener Mann ihr erzählt habe, wie van der Lubbe kurz vor der Hinrichtung laut »Und die anderen?« geschrien habe. Ihr Mann sei wegen Äußerungen über die Hinrichtung mehrfach vernommen und von Gestapo-Chef Diels persönlich verwarnt worden.

Im Protokoll der Hinrichtung ist von diesen Vorkommnissen natürlich nicht die Rede. Van der Lubbe habe die Nachricht, dass er nicht begnadigt werden könne, »gefaßt« aufgenommen, schreibt Fritz Tobias. Dann sei der Henker, gekleidet in Frack und Zylinder, aufgefordert worden, seine Pflicht zu tun. »Es gab keine Komplikationen, kein Geschrei, kein verspätetes Geständnis; wenige Augenblicke später hatte er ausgelitten«, weiß Fritz Tobias zu berichten, und dass das Fallbeil sein Kinn durchtrennt hätte, da van der Lubbe »auch im Tode den Kopf zu sehr gebeugt gehalten« hatte. Wahrscheinlicher dürfte aber sein, dass van der Lubbe sich bis zuletzt verzweifelt zu wehren versuchte und er darum auf diese Art verletzt wurde, als das Beil fiel.

Das Gericht, das van der Lubbe verurteilte, tat dies auf der Grundlage von Gesetzen, die diese Bezeichnung nicht verdienen. Da wäre zunächst die Reichstagsbrandverordnung, eine sehr genau – in der Kürze der Zeit auffallend genau – durchdachte »Notverordnung«, die für sich schon eine Verhöhnung jeglichen Rechtsempfindens darstellte. Es folgte das Ermächtigungsgesetz, das die seit dem Brand des Reichstages üblich gewordene staatliche Willkür in die Form eines Gesetzes goss. Dieses Gesetz machte schließlich den Weg frei zur sogenannten Lex van der Lubbe, die, mal eben vom Kabinett beschlossen und verkündet, besagte, dass die in der Reichstagsbrandverordnung festgelegten verschärften Strafen, unter anderem für Brandstiftung, nicht erst seit Inkrafttreten der Reichstagsbrandverordnung, sondern rückwirkend schon einen Monat vorher galten, demnach auch für die Nacht des Reichstagsbrands.

Es war also das falsche, nämlich das höchste Gericht der (nun nicht mehr existierenden) Weimarer Republik, das van der Lubbe verurteilte. Zu ihrer Zeit gab es den Tatbestand der mit dem Tode bedrohten »hochverräterischen Brandstiftung« noch nicht. Erst im Nachhinein wurde van der Lubbes Tat dahingehend »aufgewertet« – von jener Regierung, die mit dem Ermächtigungsgesetz zuvor der Weimarer Republik ein Ende gesetzt hatte.

Zudem fand der Prozess auf einer falschen gesetzlichen Grundlage statt, weil man eine Person nach gängigem Rechtsverständnis natürlich nur auf Grundlage eines zum Tatzeitpunkt tatsächlich gültigen Gesetzes bestrafen kann. Juristisch »untermauert« wurde das Ganze mit der Begründung, dass Brandstiftung doch immer eine Straftat sei; nur das Strafmaß habe sich eben verändert.

Dennoch darf man sich das Verfahren in Leipzig nicht als einen Schauprozess vorstellen. Auch nach dem Ermächtigungsgesetz bemühten die Nazis sich darum, vor der Weltöffentlichkeit wie ein ganz normales Land zu wirken und vor diesem

Hintergrund einen Prozess zu inszenieren, der einen fairen Anschein vermittelte. Das ging jedoch einigermaßen schief.

Das Debakel

Dazu, dass die Nazis mit dem Prozess über den Reichstagsbrand in der Öffentlichkeit ein Debakel erlebten, trugen verschiedene Faktoren bei. Zum einen war das der fließend Deutsch sprechende Mitangeklagte Georgi Dimitroff, ein hervorragender Verteidiger seiner Sache (seinen Pflichtverteidiger lehnte er ab). Seine Wortgefechte mit Göring sind legendär. Göring drohte Dimitroff, dem »Gauner«, der nach Deutschland gekommen sei, um den Reichstag anzustecken, an, ihn nach dem Prozess an den Galgen zu bringen. Dimitroff kämpfte um sein Leben; er kannte die Gesetzeslage, so wie die Nazis sie sich zurechtgebogen hatten. Natürlich war ihm klar, dass die Lex van der Lubbe auch für ihn und die anderen Angeklagten Ernst Torgler, Wassil Tanew und Blagoj Popov gelten würde (weshalb der Begriff »Lex van der Lubbe« die Sache nicht ganz genau trifft; auch wenn es schließlich nur van der Lubbe war, der aufgrund dieses »Gesetzes« verurteilt und hingerichtet wurde). Über *allen* Angeklagten schwebte das Fallbeil, so lautete die Anklage. Zwar richteten die Nazis erst infolge dieses Prozesses, aus Wut über seinen Verlauf, ihren eigenen Volksgerichtshof ein. Der Reichstagsbrandprozess fand noch, scheinbar legal, vor dem Reichsgericht statt. Dennoch war das Todesurteil am Ende nichts weniger als ein Justizmord.

Der zweite Störfaktor war der Hauptangeklagte selbst, der an fast jedem Verhandlungstag einigermaßen teilnahmslos, ja apathisch, gefesselt und meist mit hängendem Kopf auf der

Die drei mitangeklagten Bulgaren: v.l. Wassil Tanew, Blagoj Popov, Georgi Dimitroff

Anklagebank saß. Ihm floss der Speichel aus dem Mund, die Nase lief, und »sein« ihn ständig bewachender Polizist war reichlich damit beschäftigt, ihm immer wieder die Sekrete aus dem Gesicht zu wischen, da er selbst dies mit gefesselten Händen nicht tun konnte. Immer und immer wieder forderte der Vorsitzende Richter Bünger den Angeklagten van der Lubbe in fast väterlichem Ton auf, doch bitte gerade zu stehen und laut zu sprechen.

Ausländische Prozessbeobachter, zumeist Journalisten, gingen fast ausnahmslos davon aus, dass Marinus van der Lubbe während des Prozesses unter Drogeneinfluss stand. Ein schwedischer Arzt untersuchte ihn zwar, konnte den Verdacht aber nicht bestätigen, da er keine Einstiche am Körper van der Lubbes fand. Es gibt aber eine Aussage Dimi-

Marinus van der Lubbe mit hängendem Kopf während des Prozesses bei einem Lokaltermin im Reichstagsgebäude

troffs, der zufolge er beobachtet habe, dass nur van der Lubbes Mahlzeiten in Papier eingeschlagen waren und sein Name draufgekritzelt war.

Nach den sichtbaren Symptomen vermuteten Ärzte später eine Brom-Vergiftung, da man ihm Brom ohne Probleme mit der Nahrung hätte verabreichen können. Es wurde auch sehr genau darauf geachtet, dass van der Lubbe seine Mahlzeiten tatsächlich einnahm; er bekam fünf bis sechs davon am Tag und beschwerte sich darüber sogar im Gerichtssaal. Von Fritz Tobias wird van der Lubbes furchtbarer Zustand in seinem Buch jedoch mit einer »Haftpsychose« erklärt, die ihn zermürbt habe – damit lässt sich aber schwerlich erklären, dass dem sitzenden Angeklagten der Kopf auf die Knie fällt und ihm Speichel bzw. Schleim aus Mund und Nase läuft.

Die nächste Merkwürdigkeit bestand darin, dass sich der KPD-Fraktionsvorsitzende Ernst Torgler, der ebenfalls in echter Lebensgefahr schwebte, weil er am Tatabend als vermeintlich letzter Abgeordneter den Reichstag verlassen hatte, ausgerechnet von einem der NSDAP angehörenden Anwalt namens Alfons Sack vertreten ließ.

Torgler berichtete Jahrzehnte später, er habe das Gefühl gehabt, Sack sei ihm regelrecht aufgedrängt worden. Tatsächlich wurde Sack von der SA bezahlt.

Torgler hatte sich nach dem Reichstagsbrand der Polizei gestellt und später dem Druck Sacks nachgegeben, er ließ sich also von einem NSDAP-Anwalt vertreten. Der NSDAP-Anwalt Alfons Sack ist der eigentliche Erfinder der Alleintäterthese. Seine Taktik sah so aus: Wenn Marinus van der Lubbe Alleintäter war, dann sei logischerweise sein Mandant (und die anderen Angeklagten) freizusprechen. Damit war aber die »bolschewistische Terrorbande«, der die Nazi-Propaganda den Reichstagsbrand in die Schuhe schieben wollte, aus der Welt.

Sack wurde von einem kurzfristig in der Position des ersten Gestapo-Chefs Diels tätigen hohen Polizeibeamten während des Prozesses zum Rapport bestellt. Dieser Beamte bedeutete Sack, seine »Birne wackele bedenklich«. Sack verteidigte sich mit dem Hinweis, sein Vorgehen im Prozess sei mit Göring und anderen Nazi-Größen abgesprochen. Der Polizeibeamte nahm daraufhin Sacks Gesprächsnotizen an sich, zerriss sie und verordnete ihm, Sack, einen Maulkorb über das Gespräch.

Ein weiteres Puzzlestück um das Reichstagsbrandmysterium ist, dass ein später von Forschern recht häufig des Reichstagsbrandes verdächtigter SA-Mann, Karl Ernst, ihn, Torgler, unbedingt nach dessen Freispruch im Gestapo-Gefängnis sprechen wollte, worüber Torgler nach dem Krieg in der *ZEIT* ausführlich berichtete.

Es war nachts, als es zu diesem Gespräch kam. Torgler und Ernst kannten sich aus dem Haushaltsausschuss des Reichstages, dem Torgler bis zu seiner Verhaftung vorgesessen hatte. Ernst sei in dieser Nacht betrunken gewesen, sagt Torgler (Berichte über den exzessiven Alkoholkonsum Ernsts gibt es zuhauf). Er bat Torgler, mit in sein Dienstzimmer zu kommen; die Zelle sei ihm zu eng. Ernst habe sich erleichtert gezeigt, dass Torgler nicht zum Tode verurteilt und hingerichtet worden war. Zum Zeitpunkt des Urteilsspruches sei er mit dem SA-Chef Röhm und dem SA-Mann Heines in Italien gewesen.[5] Ununterbrochen hätten sie telefonisch versucht, Kenntnis von dem Urteil zu erhalten. Röhm habe schon gelästert, er und Heines hätten wohl einen »Torgler-Komplex«. Eine Erklärung für seine Erleichterung gab er trotz Nachfragen nicht. Für Torgler war nach diesem Gespräch die Frage nach den wirklichen Anstiftern des Reichstagsbrandes beantwortet. Ernst, der Torgler aus dem parlamentarischen Alltag kannte, sich bei ihm in einer Sitzung des Haushaltsausschusses recht zackig für seine Verspätung entschuldigte und von Torgler nahezu väterlich darauf hingewiesen wurde, dass in parlamentarischen Gremien keine militärischen Umgangsformen üblich wären, wollte offensichtlich nicht für den Tod eines ihm bekannten, unschuldigen Menschen verantwortlich sein, um dessen Unschuld er wusste – weil er die Brandstiftung selber organisiert hatte? Auch Karl Ernst wurde am 30. Juni 1934 von der SS-Leibstandarte Adolf Hitler erschossen. Bei einer SA-Feier soll Ernst, betrunken wie so oft, erklärt haben: »Wenn ich sage, ich habe den Brand gelegt, dann bin ich ein verdammter Trottel, wenn ich Nein sage, bin ich ein verdammter Lügner.«

Von Göring selbst sind folgende Sätze über Ernst bekannt: »Ja, an diesen Mann dachte ich, wenn überhaupt eine andere Hand [außer van der Lubbe] im Spiel war. Was Ernst betrifft, glaube ich, daß alles möglich ist.« Göring äußerte später in Nürnberg gegenüber dem Ankläger Robert M. W. Kempner weiter: »Ich überlege mir wirklich, welches Interesse Ernst daran gehabt haben könnte. Ich vermute, daß er gesagt hat: ›Wir wollen ihn in Brand stecken und dann die Nachricht verbreiten, daß es die Kommunisten gewesen sind.‹ Ich kann mir nur denken, daß die SA in diesem Zusammenhang geglaubt hat, sie könne dann eine größere Rolle in der Regierung spielen.«

Entgegen der von Sack zur Verteidigung Torglers lancierten These, es habe sich um einen Einzeltäter gehandelt, wies Dimitroff immer auf mehrere Täter hin, zu denen er selbst natürlich nicht gehörte. Es seien die Nazis selbst gewesen, die den Reichstag angezündet hätten. Das, was sich zwischen Sack und Dimitroff abgespielt hat, könnte man so beschreiben: Dimitroff fachte das Feuer an und verwies auf die Nazis, Sack trat das Feuer aus. Sack war schon vor dem Prozess von der Reichsanwaltskammer signalisiert worden, dass er Torgler als Mandanten übernehmen solle, von dem schon feststehe, dass er freigesprochen werden würde.

Der Sitz des Reichsgerichts ist Leipzig; dort wurde der Prozess eröffnet und beendet. Doch nach einigen Tagen zog das Gericht nach Berlin um. Man tagte nicht in einem der vielen Berliner Gerichtsgebäude, sondern über viele Wochen ausgerechnet im Reichstagsgebäude, im Saal des Haushaltsausschusses, der ebenso wie fast alle anderen Räume – ausgenommen der Plenarsaal – unversehrt geblieben war. Begründet wurde der Umzug nach Berlin ganz pragmatisch mit den vielen Berliner Zeugen (Polizisten, Feuerwehrleute, Mitarbeiter des Reichstages, Göring, Goebbels sowie weitere Augenzeugen), die leichter in Berlin zu laden und zu vernehmen seien, und mit möglicherweise notwendigen Begehungen des Tatorts.

Man kann sich also gut vorstellen, vor welcher Konstellation der Vorsitzende Richter Bünger nun stand. Eine fehlende

Der Prozess fand teilweise in einem Saal im Reichstagsgebäude statt; hier: Auftritt Göring

rechtliche Grundlage für den Prozess, ein sich gekonnt verteidigender Angeklagter, dazu ein nicht verhandlungsfähig wirkender, der dem Prozess kaum folgen konnte und oft nicht verstand, was um ihn herum vor sich ging. Als das Gericht wieder zurück nach Leipzig zog, beschwerte van der Lubbe sich darüber, dass nun schon der dritte Prozess gegen ihn abgehalten würde, erst in Leipzig, dann in Berlin, und jetzt wieder in Leipzig. Van der Lubbe war während des Prozesses ganz offensichtlich nicht Herr seiner Sinne, ganz anders, als es noch die ihn zuerst vernehmenden Polizeibeamten beschrieben hatten.

Hinzu kamen natürlich die sprachlichen Probleme, denn van der Lubbe konnte zwar etwas, aber nicht besonders gut

Deutsch sprechen und verstehen, erst recht nicht in seinem erbarmungswürdigen Zustand. Zwar hatte er einen Dolmetscher an die Seite bekommen, aber van der Lubbe wurde während des Prozesses immer wieder auf Deutsch angesprochen und konnte keinesfalls dem gesamten Prozessgeschehen vollständig folgen. Wurden ihm Fragen doch noch übersetzt, revidierte er oft seine vorherige Aussage. Und er stand ganz offensichtlich unter dem bereits erwähnten Einfluss von ihn zermürbenden Drogen.

Der gesamte Prozess war auf Sand gebaut, was in der politischen Situation gar nicht anders sein konnte. Von der Brandnacht an wurde nur in eine Richtung ermittelt; es wurden die kommunistischen Mittäter gesucht, wie es schon auf einem Plakat des Polizeipräsidiums von Anfang März unter der Überschrift »20 000 RM. Belohnung.« zu lesen war:

»Am 27. Februar 1933, nach 21 Uhr, wurde im Reichstagsgebäude an mehreren Stellen ein Brand angelegt, dem hauptsächlich der Plenarsitzungssaal des Reichstages zum Opfer fiel. Festgenommen wurde auf frischer Tat im Bismarcksaal der holländische Staatsangehörige Marinus von der Lübbe, geb. am 13.1.09 zu Leiden in Holland.

Van der Lübbe ist in Holland als eifriger, fanatischer Kommunist bekannt. Er hat, wie er selbst zugibt, in Berlin sich im kommunistischen Sinne betätigen wollen. Die bisherigen Ermittlungen und die Berichte von Augenzeugen sowie der Umfang des Brandes geben unzweideutige Hinweise, daß van der Lübbe die Brände in kommunistischem Auftrage angelegt hat.

Obige Belohnung ist für Angaben bestimmt, die zur Ermittlung der Mittäter, Anstifter und Hintermänner des Brandstifters führen.« Soweit der Text des Fahndungsplakats.

Einer der beisitzenden Richter, Reichsgerichtsrat Coenders, bat nach dem Prozess um eine Art Erholungsurlaub, da er durch den Reichstagsbrandprozess »körperlich so heruntergekommen« sei, dass er nunmehr »völlig arbeitsunfähig« sei. Im Februar 1934 bat er um Versetzung in den vorzeitigen Ruhestand. In einem zwölfseitigen, maschinengeschriebenen Brief ging er auch auf die Kritik am Urteil im Reichstagsbrandprozess ein, dass es sich dabei um ein Fehlurteil gehandelt habe. Er gibt dies zu, weist aber darauf hin, dass dies die »notwendige Folge« einer Ermittlung voller »verhängnisvoller Fehler« gewesen sei. Er habe vorgehabt, dies im Einzelnen darzulegen, doch sei »eine weitere Erörterung des Prozesses in der jetzigen Zeit des nationalen Aufschwungs« mit den »staatlichen Interessen« nicht vereinbar. »Ein Gebot der Pflicht scheint es mir zu sein, zu schweigen.« Diese Aussagen können nur bedeuten, dass Coenders, sehr weit rechts stehend, zumindest ahnte, dass die Ermittlungen, die Grundlage des Prozesses waren, in vollkommen falscher Richtung geführt worden waren.

Die Rolle Willi Münzenbergs

Eine wichtige, wenn nicht die entscheidende Rolle für den Verlauf des Verfahrens spielte ein Mann, der im Gerichtssaal gar nicht anwesend war und natürlich auch nicht anwesend sein konnte: der bereits erwähnte gebürtige Erfurter Willi Münzenberg. Als Mitglied des KPD-Zentralkomitees, Reichstagsabgeordneter und Verleger einer der bekanntesten Kommunisten Deutschlands, gehörte er nach der Klassifizierung Görings zu jener »ersten Garde«, die zu verhaften war.

Noch am Abend des Reichstagsbrandes tauchte ein SA-Kommando im hessischen Städtchen Langenselbold auf, in dem Münzenberg einen Auftritt im Wahlkampf absolviert hatte, um diesen festzunehmen. Doch laut seiner Lebensgefährtin Babette Gross, die 1967 das Buch *Willi Münzenberg. Eine politische Biographie* veröffentlichte, war er, der vom Brand in Berlin noch nichts wusste und die drohende Verhaftung nicht ahnte, zehn Minuten zuvor nach Frankfurt zu seinem Nachtquartier aufgebrochen. Auch ein Polizeitrupp, der in aller Herrgottsfrühe an der Tür zu Münzenbergs Berliner Wohnung erschien, musste unverrichteter Dinge abziehen. Schon die Mittagszeitungen des 28. Februar brachten dann Münzenbergs Steckbrief mit Foto. Und um 15.33 Uhr erhielten alle Polizeidienststellen einen Funkspruch mit einer Fahndungsliste von 24 prominenten Kommunisten, die auch den Namen Münzenberg enthielt. Dem aber gelang mit dem Pass eines wesentlich jüngeren Mannes und einigem Glück in der Nacht zum 1. März die Flucht ins Saarland, von wo er schließlich nach Frankreich gelangte. Die Grenzkontrollen zu dem noch unter der Verwaltung des Völkerbundes stehenden Saarlandes waren lasch, da es sich aus deutscher Sicht nicht um Ausland handelte.

Die Nazi-Führung hatte gewichtige Gründe, dieses Mannes habhaft werden zu wollen. Er galt als Medien- und Propagandafachmann ersten Ranges. Ab 1921 hatte er die Internationale Arbeiterhilfe (IAH) als zwar kommunistisch inspirierte, aber überparteilich agierende Organisation aufgebaut. In deren Umfeld schuf er ein regelrechtes Medienimperium von Tageszeitungen wie *Welt am Abend* und *Berlin am Morgen*, von Zeitschriften wie die *Arbeiter-Illustrierte-Zeitung*, von Buchverlagen, einem Buchclub und Firmen für die Produktion und den Verleih von Filmen.

Im Unterschied zu den kommunistischen Parteizeitungen mit ihrer formelhaft-hölzernen Sprache erreichten die innovativen und lebensnäheren Münzenberg-Medien ein Massenpublikum. Sie waren das »erste und bislang einzige geistig und wirtschaftlich effektive kommunistische Unternehmen in einem Land mit kapitalistischer Marktwirtschaft«, wie Harald Wessel, ein weiterer Biograf Münzenbergs, in seinem Buch *Münzenbergs Ende* schrieb. Zugleich knüpfte der »rote Pressezar« ein Kontinente umspannendes Netz von Komitees und Ligen, die sich dem Kampf gegen koloniale Unterdrückung, Imperialismus und Krieg widmeten.

Er inszenierte Kongresse, Straßenumzüge, Matineen und Revuen, so noch am 19. Februar 1933, also drei Wochen nachdem Hitler Reichskanzler geworden war, die große antinazistische Protestkundgebung »Das freie Wort« in der Berliner Kroll-Oper, zu deren Teilnehmern auch der spätere Berliner Oberbürgermeister Ernst Reuter, der Schriftsteller Alfred Döblin sowie Albert Einstein und Thomas Mann gehörten. Die Polizei beendete den Kongress vorzeitig.

Obwohl Polizei und SA gleich am Morgen des 28. Februar in Berlin die Büros der IAH und der Münzenberg-Unternehmen besetzten, gelang es, Rücklagen aus den Gewinnen dieser Firmen nach Frankreich zu schaffen. Dieses Geld und Mittel aus den Kassen der Kommunistischen Internationale (Komintern) nutzte Münzenberg, zu dem nach und nach einige seiner früheren Mitarbeiter stießen, um nun von Paris aus mit Zeitschriften, Büchern und Kampagnen ein Feuerwerk antifaschistischer Propaganda zu entfachen. Wie eine Bombe schlug dabei das *Braunbuch über Reichstagsbrand und Hitlerterror* ein, das am 1. August 1933 auf einer Pressekonferenz in Paris präsentiert wurde. Dem Motto folgend, nach dem Angriff die beste Verteidigung ist, drehte er den Spieß um und beschuldigte die Nazis in einer für seine internationale Leserschaft plausiblen Weise der Reichstagsbrandstiftung.

Das *Braunbuch* – sein von John Heartfield als Fotomontage gestalteter Einband zeigte einen blutverschmierten Hermann Göring mit Fleischerbeil vor dem brennenden Reichstag – wurde zu einem politischen Bestseller des Jahres 1933. Es erschien in zahlreichen Ländern mit einer hohen Gesamtauflage, die Angaben dazu schwanken extrem; es könnten Millionen gewesen sein. Über die Grenze nach Deutschland wurden Tarnausgaben im Dünndruck geschmuggelt. Eine Ausgabe soll sogar bis in Dimitroffs Zelle gelangt sein. Indem das *Braunbuch* als »erste Gesamtdarstellung des NS-Systems«, so der Historiker Claus-Dieter Krohn, die Weltöffentlichkeit über die Schuld der Nazis informierte, hatte es in politischer wie psychologischer Hinsicht von Beginn an Einfluss auf den Prozess vor dem Reichsgericht. Es brachte die Nazi-Führung von Anfang an in die Defensive, und sie fand aus ihr nicht mehr heraus. Tagelang verhandelte das Reichsgericht über im *Braunbuch* behandelte Sachverhalte. »Es war eine einzig dastehende Tatsache in der Geschichte der Kriminologie, daß ein Gericht – und ein oberstes Gericht noch dazu – seine Bemühungen darauf konzentrierte, Anklagen einer dritten, außenstehenden Partei zu widerlegen«, befand der Schriftsteller Arthur Koestler in seinem 1955 erschienenen Buch *Die Geheimschrift*, der erst nach Erscheinen der Dokumentation zum Münzenberg-Kreis in Paris gestoßen war. Ohne die im *Braunbuch* wirkungsvoll vorgetragenen Angriffe wären Göring und Goebbels nicht als Zeugen in den Gerichtssaal geladen worden. Auch das große Rededuell Dimitroff versus Göring, das mit einem Wutausbruch des letzteren endete, hätte nicht stattgefunden. Göring und Goebbels erschienen freiwillig-unfreiwillig. Das *Braunbuch* hatte sie mit durchschlagendem internationalem Erfolg plausibel beschuldigt, die wahren Brandstifter zu sein, und Fakten über ihr Terrorregime verbreitet. Sie wollten im Prozess, der ja in erster Linie von ihnen als Propagandaspektakel geplant war, zum Gegenangriff übergehen, was gründlich misslang.

Münzenberg beließ es allerdings nicht bei dem einen Schuss. Er initiierte auch den Londoner »Gegenprozeß«, nachdem das Reichsgericht die Zulassung ausländischer Anwälte für die Verteidigung der kommunistischen Angeklagten verweigert hatte. Vom 14. bis 18. September verhandelte dieser »Juristische Untersuchungsausschuß«, wie er sich selbst nannte, in öffentlichen Sitzungen auf der Grundlage des *Braunbuchs* über den Reichstagsbrand.

Unter Vorsitz des britischen Kronanwalts und Labour-Politikers Denis Nowell Pritt vernahmen sieben weitere namhafte Juristen aus Belgien, Dänemark, Frankreich, den Niederlanden, Schweden und den USA in der Londoner Caxton Hall Zeugen wie den ehemaligen preußischen Innenminister und Berliner Polizeipräsidenten Albert Grzesinski oder holländische Bekannte Marinus van der Lubbes. In ihrem Bericht konstatierten sie die Unschuld Torglers und der bulgarischen Kommunisten am Reichstagsbrand sowie eine hohe Wahrscheinlichkeit, »daß die Brandstifter den unterirdischen Gang benutzt haben, der vom Reichstagspräsidentenpalais zum Reichstag führt«. Auch seien »schwerwiegende Anhaltspunkte« für den Verdacht gegeben, »daß der Reichstag von führenden Persönlichkeiten der Nationalsozialistischen Partei oder in deren Auftrag in Brand gesetzt wurde«.

Seinen abschließenden Bericht veröffentlichte der Untersuchungsausschuss am 20. September 1933, einen Tag vor Beginn des Prozesses vor dem Reichsgericht in Leipzig. Die Nazi-Führung reagierte äußerst gereizt. Der *Völkische Beobachter* brachte unter dem Titel »Auch ein Urheber des Reichstagsbrandes« einen Schmähartikel über den »Werdegang des kommunistischen Großkapitalisten Münzenberg«. Den Druck auf das Reichsgericht, dessen Ziel vor der von den Nazis gesteuerten Öffentlichkeit die Verurteilung der kommunistischen Angeklagten zu sein hatte, konnte das aber nicht mindern. Die Freisprüche von Torgler, Dimitroff, Tanew und Popov verhinderten eine noch größere Blamage vor der Weltöffentlichkeit und war insbesondere ein Sieg Münzenbergs und seines Teams. Keine Kraft im deutschen Widerstand, ganz gleich welcher politischen Richtung, konnte Ähnliches bis 1945 wiederholen.

Das Braunbuch als Zeitdokument

Das *Braunbuch*, dem 1934 das *Braunbuch II* mit dem Titel *Dimitroff contra Göring* über den Reichstagsbrandprozess und das *Weißbuch über die Erschießungen des 30. Juni 1934* (also die Vorgänge um den sogenannten Röhm-Putsch) folgten, muss als ein Dokument seiner Zeit gelesen werden, das auf eine propagandistische Wirkung ausgelegt war. Manche seiner Behauptungen sind bis heute umstritten. Das betrifft insbesondere die Darstellung, Marinus van der Lubbe sei homosexuell gewesen, und es sei ein Kontakt zur Nazi-Führung zustande gekommen, indem er dem bekanntermaßen ebenfalls homosexuellen SA-Stabschef Ernst Röhm zugeführt wurde, und zwar von dessen damaligem Mitarbeiter Georg Bell. Holländische Freunde van der Lubbes sahen das als Verleumdung an und bestritten in dem erwähnten ebenfalls 1933 veröffentlichten *Rotbuch*, dass der junge Rätekommunist homosexuell sei. Dass van der Lubbe homosexuell gewesen sein könnte, war nicht denunziatorisch zu verstehen, sondern beschreibt eine Möglichkeit, wie es zu dem Kontakt van der Lubbes zur SA gekommen sein könnte; in der SA war Homosexualität weitverbreitet.

Der Abschlussbericht des Londoner »Gegenprozesses« formulierte vorsichtiger: »Wenig Beweiskraft zuerkennen«

könne die Kommission den Aussagen eines Zeugen, der den Vornamen van der Lubbes (»Rinus«) schon 1932 auf einer Liste Georg Bells mit Röhms »Lustknaben« gesehen haben wollte. Die Reichstagsbrandforscher Alexander Bahar und Wilfried Kugel indes verweisen in ihrem im Jahr 2000 erschienenen Buch *Der Reichstagsbrand. Wie Geschichte gemacht wird* auf lange in Moskau unter Verschluss gehaltene Akten, in denen sich Aussagen von Angestellten einer Berliner Wärmehalle fänden, »die bezeugten, van der Lubbe mehrfach in Gesellschaft von eindeutig homosexuellen Kreisen zugehörigen Personen gesehen zu haben«.

Auf die Behauptungen des *Braunbuchs* in dieser Sache trifft sicher Babette Gross' übergreifende Beschreibung zu, dass Münzenberg riskiert habe, »die Einzelheiten der ›Beweisführung‹ im *Braunbuch* auf resolute Kombinationen und Behauptungen zu stützen«. Dennoch wies Gross in ihrer Münzenberg-Biografie Beschuldigungen zurück, bei dessen Reichstagsbrandkampagne habe es sich um eine »vorsätzliche kommunistische Fälschungsaktion« gehandelt, wie es ja zum Zeitpunkt des Erscheinens ihres Buches schon seit Jahren von Fritz Tobias verbreitet worden war.

Insofern stellte das in der Schriftenreihe der *Vierteljahreshefte für Zeitgeschichte* erschienene Buch von Babette Gross eine Antwort auf Fritz Tobias' Buch von 1962 dar, das heftige und zum Teil groteske Anschuldigungen gegen das »Büro M« enthielt, wie Tobias den Münzenberg-Kreis nannte. Zur Einstimmung auf sein *Braunbuch*-Kapitel ließ Tobias sich über die »Primitivität der Kommunisten, dieser notorischen ›terribles simplificateurs‹« aus. Eine dumpfe und dennoch wohlberechnete Attacke gegen Münzenberg, den Sohn eines Thüringer Dorfgastwirts, für den es zur Selbstverständlichkeit geworden war, mit Vertretern der geistigen Elite nicht nur

Deutschlands zu verkehren, zu dessen Freunden und Bekannten die Journalisten Egon Erwin Kisch und Kurt Tucholsky gehörten, der berühmte Sexualforscher und Kämpfer gegen die Diskriminierung der Homosexuellen Magnus Hirschfeld (in dessen Haus er auch wohnte), die Schriftsteller Henri Barbusse, Maxim Gorki, Lion Feuchtwanger, Kurt Hiller, Upton Sinclair, Thomas, Heinrich und Klaus Mann und John Dos Passos, der Physiker Albert Einstein, der Politiker Jawaharlal Nehru, um nur einige zu nennen. An der Konzeption des *Braunbuchs II* beteiligte sich auch Bertolt Brecht, wie Dieter Schiller in seinem 2021 erschienenen Buch *Willi Münzenberg und sein Umgang mit deutschen Intellektuellen* beschrieb. Tatsächlich befindet sich in Brechts *Gesammelten Werken 20, Zur Politik und Gesellschaft* ein »Braunbuch« überschriebenes fragmentarisches Konzept.

Man mag Babette Gross persönliche Befangenheit unterstellen, aber ihre Argumentation überzeugt: »Münzenberg und seine Mitarbeiter mußten schon deshalb versuchen, nahe bei den Fakten zu bleiben und möglichst konkrete Informationen zu liefern, weil sie auf die Wirkung der dokumentarischen Evidenz setzten.« Wer eine Kurzformel sucht, kann mit Babette Gross das *Braunbuch* als »Sammelwerk aus den zeitgenössischen Berichten und Informationen von Hitler-Gegnern in Deutschland und der Emigration« bezeichnen. Nur zu etwa einem Drittel beschäftigte sich das *Braunbuch* mit dem Reichstagsbrand. In seinem größeren Teil dokumentierte es den umfassenden Unterdrückungsfeldzug der Nazis, so die Zerschlagung der Arbeiterorganisationen, die Verfolgung von Juden und die Hetze gegen sie, die Ermordung, Misshandlung und das Foltern politischer Gegner, die Errichtung der ersten Konzentrationslager. Die Weltöffentlichkeit erfuhr hier anhand dokumentierter Listen, welche Autoren Opfer der öffentlichen Bücherverbrennungen in Deutschland geworden waren, und wie brutal die Nazis gegen unliebsame Wissenschaftler vorgingen. So beschrieb ein Augenzeuge sehr detailliert die Besetzung und Zerstörung von Magnus Hirschfelds Sexualwissenschaftlichem Institut am 6. Mai 1933.

Der Kreis der an den *Braunbüchern* Beteiligten, zumindest was das Beschaffen von Informationen angeht, reichte weit über das Münzenberg-Team hinaus. So berichtete Gisèle Freund, die später für ihre Fotos berühmter Künstler wie Frida Kahlo, James Joyce, Hermann Hesse oder Henri Matisse berühmt werden sollte, wie sie, die als Jüdin besonders gefährdet war, im Mai 1933 Fotos misshandelter Studenten nach Paris schmuggelte. Und da Münzenberg noch Mitglied des KPD-Zentralkomitees war, konnte er auch auf die Ressourcen geheimer Apparate seiner Partei zurückgreifen. So verschafften sich die Töchter des Chefs der deutschen Heeresleitung Kurt von Hammerstein-Equord die als Staatsgeheimnis behandelte Anklageschrift im Reichstagsbrandprozess aus dem Schreibtisch ihres Vaters, ließen sie abfotografieren und nach Frankreich schaffen.

Fritz Tobias musste, um seine bis heute anerkannte Alleintäterthese plausibel zu machen, die in den *Braunbüchern* und dem Londoner Prozess gesammelten Vorwürfe und Belege gegen die Nazis diskreditieren. Er führte in den Sechzigerjahren geradezu einen Propagandafeldzug gegen diese Publikationen und ihre Urheber. Obwohl man anderes vermuten könnte, hatte er dabei aus dem Osten kaum mit nennenswerter Gegenwehr zu rechnen. Das wiederum lag an den speziellen Problemen der DDR-Historiografie mit den *Braunbüchern*. Rechte Hand Münzenbergs in Paris und wichtigster Redakteur der Publikationen war Otto Katz gewesen, der auch unter dem Decknamen André Simone auftrat. Der deutsche Tscheche jüdischer Herkunft war ein prominenter Kommunist. 1936 gründete er in Hollywood die »Anti-Nazi League«, der Marlene Dietrich und Greta Garbo, Charlie Chaplin, Ernst Lubitsch, Billy Wilder und viele andere Filmgrößen angehörten. Nach dem Zweiten Weltkrieg aber gehörte er zu jenen kosmopolitischen Kommunisten, die in die Mühlen der Stalinschen Säuberungen innerhalb der eigenen Partei gerieten. 1952 wurde er, zu dieser Zeit Pressechef im Prager Außenministerium, im monströsen »Slánský-Prozess« zum Tode verurteilt. Von da an konnte man seinen Namen nur noch hinter vorgehaltener Hand nennen.

Münzenberg kam seinem Ausschluss aus der KPD mit dem eigenen Austritt zuvor. Sein Tod im Juni 1940 in Frankreich auf der Flucht vor deutschen Truppen ist bis heute ungeklärt. In der DDR blieb er bis in die Achtzigerjahre eine Art Unperson. Deshalb firmierte dort als eigentlicher *Braunbuch*-Chef Alexander Abusch, der in der DDR unter anderem als Minister für Kultur fungierte. Hätte er sich gegen Tobias' Verunglimpfungen gewehrt, hätte das für ihn peinlich werden können, zumal er selbst 1950 in die Mühlen der Vorbereitung eines stalinistischen Schauprozesses geraten war und die Betonung einer Nähe zu Münzenberg lange Zeit nicht ungefährlich war. Rudolf Feistmann, ein weiterer Mitarbeiter im Münzenberg-Kreis, beging im Juni 1950 höchstwahrscheinlich Selbstmord, nachdem er als Außenpolitikchef der Zeitung *Neues Deutschland* verhaftet und mit ähnlichen Vorwürfen wie später Otto Katz konfrontiert worden war. Alle genannten zusammen standen obendrein im politischen Gegensatz zu einigen ihrer einstigen Mitstreiter, insbesondere den Schriftstellern Arthur Koestler und Gustav Regler, die sich von der kommunistischen Bewegung gelöst hatten.

Für Tobias stellte das eine sehr günstige Gemengelage dar: Die Kommunisten waren zu sehr mit sich selbst beschäftigt, um sich gegen seinen Feldzug gegen die *Braunbücher* und ihre Autoren zu wehren.

Und dann war da noch der Rabbinersohn Albert Norden, der sein Handwerk ebenfalls bei Münzenberg in Paris gelernt hatte und ab 1955 als Chefpropagandist der SED agierte. Norden entwarf und verantwortete die Kampagnen, in denen die DDR dem westdeutschen Staat die Nazi-Vergangenheit vieler seiner wichtigen Akteure vorhielt. So am Beispiel des Bundesministers Theodor Oberländer, zu dem 1960 die Broschüre *Die Wahrheit über Oberländer. Braunbuch über die verbrecherische Vergangenheit des Bonner Ministers* erschien. Im selben Jahr ließ Norden die Schrift *Globke und die Ausrottung der Juden* drucken, die sich mit Konrad Adenauers Kanzleramtschef Hans Globke befasste, in den Sprachgebrauch selbst des Bundeskabinetts als *Braunbuch* einging und im Dezember 1960 auf Beschluss des Bonner Landgerichts beschlagnahmt wurde. 1965 schließlich präsentierte Norden in Ostberlin das *Braunbuch: Kriegs- und Naziverbrecher in der Bundesrepublik. Staat, Wirtschaft, Armee, Verwaltung, Justiz, Wissenschaft.*

Es ist vor dem Hintergrund dieser Vorwürfe, die aus dem Osten kamen, durchaus denkbar, dass Fritz Tobias als Staatsdiener in geheimdienstlicher Funktion in seinen dreisten Münzenberg-Verunglimpfungen die Chance sah, dem Titel *Braunbuch* das Etikett des Unseriösen und den Ruch der »Falschmünzerei« anzuheften – ohne eben ernsthafte Gegenwehr befürchten zu müssen. Man geht sicher nicht zu weit, wenn man sagt, dass Tobias aus dem *Braunbuch* die Motivation für seinen jahrzehntelangen Propagandafeldzug bezog. Er betonte dies immer wieder.

Zurück nach Leipzig zum Prozess: Der Vorsitzende Richter Bünger konnte sich nicht dagegen wehren, dass die ganze Veranstaltung auf rechtlich höchst bedenklicher Grundlage stattfand. Zwar bemühte er sich, van der Lubbe in ein Gespräch zu verwickeln, allerdings unterbrach Bünger die Sitzung oder beendete sie vorzeitig, wenn der Niederländer einen der wenigen wachen Tage hatte (wahrscheinlich war mit der Dosierung etwas schiefgegangen oder er hatte nicht alles gegessen, was man ihm gegeben hatte).

Bünger, ehemaliger sächsischer Ministerpräsident, befand sich während des Prozesses unter Polizeischutz – oder sollte man sagen: unter polizeilicher Beobachtung? Entgegen seinen sonstigen Gepflogenheiten sprach er mit seiner Frau niemals über diesen Prozess. Seine Frau glaubt, die damalige Drucksituation habe ihn krank gemacht. Bünger ließ sich nach dem Prozess wegen Herzproblemen beurlauben und starb wenige Jahre später. Erst 30 Jahre nach seinem Tod gab Frau Bünger die bereits erwähnte Aussage ihres Mannes betreffend die Hinrichtung van der Lubbes zu Protokoll.

Im Prozess wurden etliche Zeugen vernommen, darunter waren offensichtliche Lügner, die sich einen Vorteil von einer den Nazis genehmen Aussage versprachen, darunter auch KZ-Insassen, aber auch hochinteressante Zeugen, die den Ablauf durcheinanderbrachten und neue Aspekte sichtbar machten.

In ihrem Bestreben, alles schrecklich legal aussehen zu lassen, haben die Nazis nicht bedacht, dass zumindest die bulgarischen Angeklagten durch die Öffentlichkeit des Reichstagsbrandprozesses geschützt waren. Sie kamen nicht direkt nach den Freisprüchen frei, aber sie kamen frei und konnten ausreisen, wenn auch erst am 27. Februar 1934, dem ersten Jahrestag des Reichstagsbrandes. Torgler blieb eine Geisel der Nazis; die KPD schloss ihn aus, weil er sich nach dem Reichstagsbrand der Polizei gestellt hatte und sich von einem NSDAP-Anwalt vertreten ließ. Und er habe, so der Vorwurf, nur sich verteidigt, nicht die KPD.

Brandgutachten

Eine wichtige Rolle spielten die Chemiker und Brandsachverständigen. Etwas umständlich hält der Kriminalist, Chemiker und vereidigte Sachverständiger Dr. Wilhelm Schatz aus Halle Folgendes fest:

»Im Laufe der Berliner Verhandlungen bekam ich durch die Aussagen der Zeugen Lateit, Losigkeit, Scranowitz und Klotz[6] Anhaltspunkte dafür, dass die Zündung bezw. Ausbreitung der Feuerherde im Plenarsaal des Reichstages nicht der Art gewesen sein konnte, wie man auf Grund der Informationen im Vorverfahren anzunehmen geneigt war. Aus der bildlichen Wiedergabe in der Beilage zum Gutachten des Herrn Geh. Rat. Prof. Dr. Josse, die mir zur Erstattung meines ersten Gutachtens zur Verfügung gestellt war, musste man annehmen, dass die einzelnen Brandherde auf den Stühlen in ununterbrochener Reihenfolge auf den ersten beiden Stuhlreihen der Abgeordneten und auf den Reichsregierungs- und Reichsratssitzen beobachtet worden waren. Wäre es andem gewesen, so hätte eine Zündung mit Filmstreifen oder Zündschnüren ohne viel Mühe erfolgen können. Da aber durch die ersten Zeugen bekundet wurde, dass die Brandherde ganz wahllos, zum Teil mit grösseren Zwischenräumen, auf die zweite, dritte und vierte Sitzreihe, auf die Stuhlreihen der Reichsregierung und des Reichsrates verteilt gewesen seien, erschien mir schon dadurch eine Zündung mittels Filmstreifen oder Zündschnüre als unwahrscheinlich, weil umständlich.«

Verschiedene Beobachtungen, auch die der wahllosen und unregelmäßigen Feuer in den vorderen Stuhlreihen, hätten bei ihm den Verdacht erregt, dass »eine selbstentzündliche Flüssigkeit gebraucht worden sein musste«.

Er führt dann »nahezu 25 Einzelbrände an Tischen und Stühlen« auf und geht dann auf die Qualität (Tiefe und Dauer) dieser Feuer ein, auf das plötzliche Verlöschen, auf die einsetzende Nebelbildung und sieht all das als »weitere Anzeichen dafür, dass die Brandstellen nicht einzeln mechanisch, sondern nur durch selbstentzündliche Mittel angezündet worden sein konnten«.

Der Brand sei »in seiner ersten Phase kein Tiefenbrand« gewesen, »sondern als Oberflächenbrand anzusprechen«. Er habe außerdem sehr viele Rußspuren gefunden, die auf Brennstoffe hinweisen.

Eigentlich müsste mit diesem Zitat aus dem Gutachten des Chemikers Wilhelm Schatz aus Halle, angefertigt für den Reichstagsbrandprozess, die Debatte über die Alleintäterschaft van der Lubbes beendet sein, genauer gesagt, sie hätte niemals zu beginnen brauchen, denn irgendjemand musste schließlich all diese Flüssigkeiten in den Plenarsaal eingebracht haben. Van der Lubbe, der sich im Fach der Brandstiftung als vollkommener Dilettant erwiesen hatte und der nur Kohlenanzünder bei sich hatte, kann den Brand schon aus diesem Grunde nicht gelegt haben. Fritz Tobias, der es sich, aus welchen Gründen auch immer, zur Lebensaufgabe gemacht hat, Marinus van der Lubbe als Einzeltäter zu präsentieren und dies auch in der Geschichtswissenschaft durchzusetzen, hat in seinem, in einem oft polemisch, ja, geradezu beleidigenden Ton verfassten Buch für Schatz nur folgende

Worte übrig: Schatz sei ein Provinz-Chemiker, ein »Hans Dampf in allen Gassen«, der sich auf der großen Bühne des Reichsgerichts habe aufspielen wollen: »Damit trat ein Mann in den Scheinwerferkegel«, schreibt Tobias, »der sich darin sofort zum Bühnenstar aufwarf und mit Staunen erregenden Kunststückchen, mit verblüffenden Gedankensprüngen und Verwandlungskünsten bei den Zuschauern Aufsehen und Verwunderung erregte, beim Gericht aber einen entscheidenden Eindruck hinterließ«. Tobias schlägt den Sack, aber er meint die Katze, soll heißen: die präzisen inhaltlichen Aussagen des Dr. Schatz, der nicht nur Chemiker, sondern auch Apotheker, Botaniker und Graphologe war. Tobias bezeichnet Schatz als einen angeblich »Fusselkopp« genannten »Sherlock Holmes«, der Minderwertigkeitskomplexe habe, weil er sich in seiner Kompetenz nicht anerkannt gefühlt habe.

Das entsprechende Kapitel in Tobias' Buch ist überschrieben mit »Das Versagen der Sachverständigen«. Früh zitiert Tobias den bereits genannten Schweizer Korrespondenten Ferdinand Kugler mit dem Satz: »Nach einem bösen Wort wird Deutschland von den Sachverständigen zugrunde gerichtet.« Danach stellt Tobias Betrachtungen über die unbegrenzte Macht der Sachverständigen an, die »die Entscheidungsfreiheit des Richters« einengten, weil »praktisch der Sachverständige den Rechtsstreit entscheidet«, was viele »Einsichtige seit langem mit Sorge« erfülle.

Zwar beginnt der Bericht in Kuglers Buch *Das Geheimnis des Reichstagsbrandes* – das Buch besteht allem Anschein nach aus den 1933 von Kugler verfassten Zeitungsberichten und ist in Amsterdam, offensichtlich 1934, erschienen – tatsächlich mit dem von Tobias zitierten und oben wiedergegebenen Satz über Sachverständige. Doch die nächsten Worte, daran direkt anschließend, lauten in Kuglers Bericht: »Dieser Prozess hat aber durch die Sachverständigen an Klarheit gewonnen, wenn auch die Anklageschrift dabei zugrunde ging – teilweise wenigstens.« Kugler zu zitieren, aber sinnentstellend, indem er den Gegensatz des nächsten Satzes weglässt, die Anti-These sozusagen, das ist die »Methode Tobias«, die uns noch öfter begegnen wird.

Zweck dieser Methode ist, die offensichtlichen Beweise für weitere Täter vom Tisch zu fegen, wobei Tobias nicht davor zurückschreckt, weiß zu schwarz und schwarz zu weiß umzudefinieren. Wie dieses geradezu bösartig argumentierende Buch wissenschaftliche Beachtung, ja sogar Anerkennung erhalten konnte, mehr noch: wie dieses Buch seit bald 60 Jahren unser Verständnis des Reichstagsbrandes und der Erlangung der totalen Macht durch die Nazis dominieren und verfälschen konnte, ist aus heutiger Sicht vollkommen unbegreiflich. Bei diesem Vorgang ist nicht alles mit rechten Dingen zugegangen, weil eine üble Erpressung, ausgeübt von Tobias, die entscheidende Rolle spielte. So wird Geschichte »gemacht«.

Ist es allein unter diesem Aspekt noch verwunderlich, dass es an diesem Punkt Widerstand, erbitterten Widerstand gab und bis heute gibt, geben musste? Widerstand gegen eine absichtsvoll in die Welt gesetzte Legende, voller Fälschungen, mit Erpressung, also illegitim durchgesetzt? All das wusste man ja vor Jahrzehnten nicht, fühlte es aber vielleicht.

Fast möchte man die zuweilen etwas dubios erscheinenden Argumentationen und Beweise einiger Tobias-Gegner als quasi »berechtigte« Notwehrreaktionen gegen diese Argumentationsfront der Alleintäterthesen-Vertreter rechtfertigen. Aber das bringt uns nicht weiter. Es kann hier auch nicht darum gehen, die Ungeschicklichkeiten der Tobias-Gegner schönzureden, mit denen sie sich Fälschungsvorwürfe einhandelten, die sie nicht mehr auszuräumen vermochten.

Wir müssen uns die krassesten Verdrehungen von Tobias einzeln ansehen, die vor allem im Bereich der Brandsachverständigen-Gutachten zu finden sind – weil diese den Tobias-Thesen am gefährlichsten waren und sind.

Es gibt weitere Aussagen anderer Gutachter, die an Eindeutigkeit nichts zu wünschen übrig lassen. So schreibt der Direktor des Instituts für Thermodynamik an der Technischen Hochschule Berlin, der Geheime Regierungsrat Professor Emil Josse in seinem Gutachten: »Die außerordentlich rasche Entwicklung des Brandes im Plenarsaal innerhalb von 10 Minuten von der ersten Brandlegung bis zur völligen Entflammung des ganzen Saales im Gegensatz zu dem Brand im Restaurant, wo das mit einem besonderen Zündmittel angelegte Feuer innerhalb von 16 Minuten nur einen begrenzten Umfang angenommen hatte, läßt klar erkennen, daß die Bedingungen für die Entwicklung des Brandes im Plenarsaal ganz anders waren, und zwar daß im Plenarsaal Brennstoffe anderer Art oder anderer Menge eingebracht worden waren, die Be- und Entlüftungsverhältnisse bei der Brandstiftung und während des Brandes andere waren.« Josse nennt die Explosion eine Verpuffung, worunter er »eine Explosion von verhältnismäßig geringer Explosionsgeschwindigkeit und geringem Explosionsdruck« verstehe. Die dafür benötigten Gase konnten in der kurzen Zeit nur von Brennstoffen herrühren, die jemand vor der Brandstiftung in den Plenarsaal gebracht haben müsse.

An dieser Stelle lohnt es sich, genauer auf die bereits erwähnte Theorie des *Welt*-Redakteurs Sven Felix Kellerhoff einzugehen. Wie bereits in einem früheren Kapitel erwähnt, hatte Kellerhoff zum 75. Jahrestag des Reichstagsbrands ein Buch mit dem Titel *Der Reichstagsbrand – die Karriere eines Kriminalfalls* veröffentlicht, das für sich in Anspruch nimmt, den Fall ein für alle Mal gelöst zu haben. Viele Historiker haben sich seither ungeprüft, aber wohlwollend in ihren Arbeiten auf Kellerhoffs Theorie gestützt, da ja nun endlich erklärt zu sein schien, wie van der Lubbe in wenigen Minuten den Plenarsaal allein und ohne Hilfsmittel in ein flammendes Inferno verwandeln konnte.

Kellerhoffs Theorie, das entsprechende Kapitel ist bescheiden mit »Die Lösung« überschrieben, besagt, dass es sich bei der explosionsartigen Ausweitung des Feuers um eine Rauchgasexplosion (Backdraft) gehandelt habe, die entstehe, wenn ein Feuer in einem geschlossenen Raum nicht genug Sauerstoff habe und deshalb zu ersticken drohe. Es entstehen hochentzündliche Gase, die bei Zufuhr frischen Sauerstoffs zwangsläufig zur Explosion führen. Diese Sauerstoffzufuhr sei durch das Öffnen der Tür zum Plenarsaal durch Polizisten, Feuerwehrleute und den Hausinspektor Scranowitz erfolgt. Anhand der bekannten Zeitabläufe hätte das Feuer im Plenarsaal für diesen Vorgang – entzünden, ersticken, schwelen – einige Minuten Zeit gehabt.

Der ehemalige Berliner Landesbranddirektor Albrecht Broemme, anerkannter Katastrophenschutzexperte, geht jedoch davon aus, dass der von Kellerhoff beschriebene Vorgang in einem derart großen Raum einen Schwelbrand von mehreren Stunden voraussetzt. »Dass nach wenigen Minuten Brandgeschehen im geräumigen Plenarsaal eine Rauchgasexplosion stattgefunden hat, ist vollkommen ausgeschlossen.« Dies sei »so sicher wie das Amen in der Kirche«, fügt er hinzu. Broemme äußerte sich auch zu den Pappschildern mit den Namen der Reichstagsabgeordneten. Jemand habe ihm ein derartiges Schild gezeigt. Dies bestehe aus Presspappe und sei sehr fest und eigne sich daher nicht als Brandbeschleuniger. »Das brennt schließlich nicht wie Zunder.«[7]

Mit anderen Worten: der Versuch Kellerhoffs, das Leben der Alleintäterthese zu verlängern, war erfolgreich – bei Historikern, die sich aber mit Brandabläufen ebenso wenig auskennen wie offenbar der Erfinder dieser Theorie selbst. So hatte Kellerhoff einige Jahre zuvor die plötzliche extreme Ausbreitung des Feuers im Plenarsaal statt mit einem Backdraft noch mit einem Flashover erklärt, was er 2008 in einer Fußnote mit einer häufigen Verwechslung beider Begriffe, die oft als identisch angesehen würden, erklärte. Irrtümlicherweise sei auch ihm dieser Fehler unterlaufen. Für Brandexperten ist diese Theorie ebenso absurd wie die Backdraft-Theorie, weil es in beiden Fällen für die beschriebenen Phänomene eines starken Grundfeuers bedarf. Auch Kellerhoffs Behauptung, dass man 1933 nichts über den Backdraft wusste, trifft nicht zu. Es war nur der englische Begriff für Rauchgasexplosion, also Backdraft, nicht bekannt.

Dennoch wurde Kellerhoffs Theorie vom *SPIEGEL*, der eine ausführliche Rezension des Autors Ernst Piper druckte, und vom damaligen Bundestagspräsidenten Norbert Lammert, der das Buch in den Räumen der Parlamentarischen Gesellschaft (d. h. im ehemaligen Reichstagspräsidentenpalais) vorstellte, gefeiert.

Grundlage aller dieser Fehler ist die Herabwürdigung der sehr präzisen Gutachten der Brandsachverständigen, die Tobias regelrecht in den Dreck zieht, um seine Theorie durchzusetzen. Wie ihm das gelungen ist und was ihn antrieb, bleibt dem nächsten Kapitel vorbehalten.

Kellerhoff fertigt die Expertisen mit der Formulierung »zweifelhafte Brandgutachten« ab, was darauf hindeutet, dass auch er sich auf Tobias' Manipulationen verlässt. Es ist kaum vorstellbar, dass jemand, der die Brandgutachten kennt, so etwas schreibt.

Marinus van der Lubbe mit einer Packung Kohleanzünder – ein gestelltes Foto

Die Brandgutachten spielten natürlich im Urteil des Reichsgerichtes eine ganz andere Rolle. Van der Lubbe habe Mittäter gehabt, die er nicht preisgeben wolle. Die als seine Mittäter angeklagten drei Bulgaren, Georgi Dimitroff, Blagoj Popov und Wassil Tanew wurden freigesprochen. Gegen den KPD-Fraktionsvorsitzenden Ernst Torgler wurde zwar von der Reichsanwaltschaft die Todesstrafe beantragt, weil er nach Aussage des NSDAP-Abgeordneten Berthold Karwahne, ein früherer KPD-Funktionär, zusammen mit van der Lubbe gesehen worden sein soll. Aber auch Torgler wurde freigesprochen. Die wahren Mittäter van der Lubbes habe man eben nicht ausfindig machen können.

Van der Lubbe, der sich nicht verteidigen konnte und der ja immerhin im brennenden Reichstag verhaftet worden war und über viele Monate seine Tat immer und immer wieder gestand, der keinen zweiten Prozess bekam, weil es keine Berufungsinstanz gab, wurde auf der Grundlage der eilig zusammengezimmerten »Gesetze« schnell aufs Schafott gezerrt und enthauptet. Eine Begnadigung durch den Reichspräsidenten wurde abgelehnt, was auf Hitlers Intervention zurückgehen soll. Marinus van der Lubbe hatte getan, was er sollte, nun musste sein Mund für immer verschlossen werden.

5 Die Einzeltäterthese

In der Zeit unmittelbar nach dem Brand hatten nicht wenige Nazis sofort die eigenen Leute im Verdacht, das Feuer gelegt zu haben. Auf der Treppe des noch brennenden Reichstags sagte der Chefredakteur des NSDAP-Blattes *Völkischer Beobachter,* Alfred Rosenberg, zu Sefton Delmer, dem umtriebigen Reporter des britischen *Daily Telegraph*: »Ich hoffe, es ist nicht das Werk unserer Burschen. Es ist genau eines jener verdammt blöden Stücke, die ihnen ähnlich sehen.«

Martin Bormann, Vertrauter Hitlers, schrieb in einem Brief an seine Vertraute Elfriede Conti, ebenfalls Parteimitglied: »Fast möchte man nicht glauben, daß die Kommunisten so ausgesucht töricht waren, den Brand im Reichstagsgebäude wenige Tage vor der Wahl zu inszenieren, denn vom reinen Parteistandpunkt aus hätte uns ja nichts besseres passieren können.«

Auch Hermann Göring äußerte in den Monaten des Internationalen Militärtribunals in Nürnberg gegenüber dem aus Deutschland stammenden US-amerikanischen Ankläger Robert M. W. Kempner, dass er nicht wisse, ob SA-Leute wie etwa Karl Ernst selbstständig diesen Coup, den viele in der Partei und SA/SS gelungen fanden, inszeniert hätten.

In SA-Kreisen wurde der SA-Mann Hans Georg Gewehr, auch »Pistolen-Heini« genannt, insgeheim als technischer Leiter des Reichstagsbrandes angesehen, weil er aus seinem Studium an der Technischen Hochschule in Berlin das Wissen in die SA eingebracht hatte, wie man Flüssigkeiten herstellt, die sich nach einigen Minuten Kontakt mit Sauerstoff selbst

Hans Georg »Pistolen-Heini« Gewehr

entzünden. Dieses Wissen wurde in der »Kampfzeit« unter anderem dazu benutzt, gegnerische Wahlplakate abzufackeln, besonders dann, wenn man nicht auf anderem Wege an sie herankam. Die Flüssigkeit wurde z. B. in eine Glühbirne gefüllt und dann gegen das Plakat geschleudert, woraufhin dieses Feuer fing. »Pistolen-Heini« dementierte immer wieder heftig, dass er mit dem Brand etwas zu tun gehabt hatte. Dies soll ihm, wenn er Alkohol getrunken hatte, jedoch nicht immer gelungen sein.[8]

Im Nachlass von Fritz Tobias, der Gewehr gegen Beschuldigungen beistand, der Reichstagsbrandstifter gewesen zu sein, befindet sich, warum auch immer, eine anonyme Postkarte an Gewehr, in der ihm, angesprochen als »Alter Nazi Ganove«, vorgeworfen wird, »beim Reichstagsbrand der Urheber« gewesen zu sein. »Sie wissen genau, welche Rolle Sie gespielt haben. (…) Was haben sie alles im Naziheim Jägerhofstr. [in der Düsseldorfer Jägerhofstraße befand sich ein von den Nazis genutztes Gebäude – U.S.] erzählt? Können Sie sich dessen noch erinnern? Der geistesschwache van der Lube ist für Ihre Schandtat unschuldig Hingerichtet worden! (…) Sie waren bei den Totengräbern des deutschen Volkes. Der damalige Sauhaufen bestand ja nur aus 175ern [eine Anspielung auf die nicht geringe Anzahl Homosexueller in der SA; »175« bezieht sich auf den entsprechenden Paragrafen im Strafgesetzbuch – U.S.], Intellektuellen, Mädchenschändern und Brandstiftern sowie Mördern, dazu zählen Sie auch.« (Rechtschreibfehler im Original.)

Auch sind nicht wenige spontane zeitgenössische Äußerungen überliefert, dass die Nazis den Reichstag selbst angezündet haben. Menschen kamen wegen entsprechender Äußerungen vor Gericht. Das Denunziantentum gedieh.

Einen Beweiswert hat das alles nicht. Aber es beschreibt doch immerhin eine Grundstimmung in der Bevölkerung, die sich auch nach dem Krieg in der allgemeinen Annahme wiederfand, dass es wohl die Nazis selbst waren, die den Reichstag angezündet hatten. Noch heute glaubt das die Mehrheit geschichtsinteressierter Menschen; nur die Wissenschaft verharrt, zumindest offiziell, noch auf dem Standpunkt der Alleintäterthese.

1933 wäre es ein unglaublicher Skandal gewesen, wenn bekannt geworden wäre, dass die Nazis den Anlass für ihren staatlichen Terror selbst geschaffen hätten. Die »Regierung der nationalen Konzentration« hätte diese Enthüllung nicht oder nur mit noch größerem Terror überleben können. Die Leute wollen schließlich nicht hinters Licht geführt werden. Selbst eine Diktatur braucht eine Basis in einem Teil der Gesellschaft, und diese Basis hatte sie – rechts der Mitte. Vielleicht war man in diesem Teil der Gesellschaft nicht mit *allem* einverstanden, was die Nazis veranstalteten, und noch richtete sich der Nazi-Terror nur gegen links, d. h. das – in den Augen manch eines Zeitgenossen – »Nützliche« überwog ja noch. Immerhin »war man die roten Strolche los«, wie es Golo Mann diesen Kreisen unterstellt, gedacht zu haben.

Aber spielte die Urheberschaft des Reichstagsbrands nach dem Krieg mit dessen – auch in Deutschland – verheerenden Folgen noch eine Rolle? Kaum. Das Land lag in Trümmern. Es gab andere Sorgen: Lebt mein Mann/meine Frau noch? Meine Kinder? Ist mein Mann in Gefangenschaft? Wohin hat es meine Familie verschlagen? Noch in den Sechzigerjahren wurde die vom Deutschen Roten Kreuz durchgeführte Suche nach vermissten Angehörigen tagtäglich im Rundfunk gesendet. Werde ich meine Frau/meinen Mann/meine Kinder jemals wiedersehen? Werden die Kinder ihren Vater wiedersehen oder überhaupt einmal kennenlernen? Wie kriege ich meine Kinder allein groß? Werde ich je erfahren, ob, wann und wo mein Mann gestorben ist? Aber auch: Wie komme ich an eine unbeschädigte Wohnung? Finde ich Arbeit? Kriege ich die Kinder und mich satt, wenigstens manchmal? Die Kriegsfolgen fallen immer zuallererst den kleinen Leuten zur Last.

Göring tröstete sich rückblickend damit, immerhin »zwölf gute Jahre« gehabt zu haben, während Millionen Menschen starben, hungerten, litten, verkrüppelt wurden. Seiner Strafe – Tod durch den Strick – entzog er sich durch die Einnahme von in seine Gefängniszelle eingeschmuggelten Giftpillen.

Natürlich haben auch die Deutschen für den Nazi-Irrsinn teuer bezahlt, unabhängig von der Tatsache, ob sie für oder gegen die Nazis waren. Im Verlauf des Reichstagsbrandprozesses wurde dem Angeklagten Ernst Torgler von dem sehr weit rechts stehenden Reichsanwalt Felix Parrisius vorgeworfen, im Februar 1933 folgende Sätze an sozialdemokratische und christliche Arbeiter gerichtet zu haben: »Seid euch bewußt, Kollegen, auf der deutschen Arbeiterklasse ruht jetzt eine weltgeschichtliche Verantwortung, auf euch allen ruht die Verantwortung für die Zukunft eurer Frauen und Kinder, die in der Hölle des Faschismus untergehen.« Das war nicht übertrieben. Wir sprechen hier über das Jahr 1933; sechs Jahre vor dem Überfall auf Polen, acht Jahre vor dem Angriff auf die Sowjetunion.

In Heinrich August Winklers Buch *Der Weg in die Katastrophe* (1987) liest sich das in der Rückschau so: »Der Untergang der Weimarer Republik und der Sieg des Nationalsozialismus waren die größte Katastrophe in der Geschichte der deutschen Arbeiterbewegung.« Für den Nazi-Irrsinn bezahlt haben letztlich fast alle: nicht nur die Arbeiterparteien, auch die Liberalen, die Konservativen, ebenso die Unpolitischen, selbst die Nazi-Anhänger; von den noch viel zahlreicheren Opfern außerhalb Deutschlands ganz zu schweigen.

Nach 1945: Die Entstehung der Alleintäterthese

Nach 1945, als es »keine« Nazis mehr gab, jedenfalls keine, die einen belangen und vor den »Volksgerichtshof« zerren konnten, ging die allgemeine Annahme – und geht bis heute – in die Richtung, dass die Nazis den Reichstag selbst angezündet hatten. Dies war auch immer wieder Thema in Publikumszeitschriften wie etwa dem *stern*. Anfang des Jahres 1956 veröffentlichte der Journalist Richard Wolff im Auftrag der Bundeszentrale für Heimatdienst (der späteren Bundeszentrale für politische Bildung) einen ersten Forschungsbericht, in dem er von der Täterschaft der Nazis ausging.

Das änderte sich 1959. Auftritt Fritz Tobias: Mit einer elfteiligen Artikelserie, die prominent und öffentlichkeitswirksam im *SPIEGEL* erschien, setzte er die These in die Welt, weder die Nazis noch die Kommunisten, sondern van der Lubbe allein habe den Reichstag in Brand gesetzt. Der Titel der Serie »Stehen Sie auf, van der Lubbe!« hat angesichts des elenden Zustandes van der Lubbes während des Prozesses, worauf sich diese Überschrift offensichtlich bezieht, etwas Zynisches.

Der in Berlin geborene Tobias stammte aus dem sozialdemokratischen und gewerkschaftlichen Milieu; in den 1920er-Jahren absolvierte er eine Buchhändlerlehre, ehe er mit seinem alleinerziehenden Vater nach Hannover zog. Tobias erklärt in seinem später veröffentlichten Buch, er habe sich dem Thema Reichstagsbrand in der Absicht genähert, die Nazis der Täterschaft zu überführen. Dies habe sich im Laufe seiner Untersuchung jedoch als Irrweg erwiesen. Er habe umdenken müssen. Van der Lubbe habe den Brand allein gelegt; das sei das Ergebnis seiner Untersuchung.

Das mag so gewesen sein. Gegenüber seinen Vorgesetzten im niedersächsischen Innenministerium stellte er die Sache anders dar, wie wir noch sehen werden: als einen Kreuzzug gegen den Bolschewismus. Eine derartige Motivation führt selten zu einer wissenschaftlich fundierten Arbeit, was auch zur Folge hatte, dass Tobias für seine Arbeiten oft Beifall aus der rechtsradikalen Ecke bekommen hat. Natürlich mochten die Alt- und Neonazis die Vorstellung sehr, die Nazis hätten den Reichstag nicht selber angesteckt, denn das wäre ja ein einzigartiger Betrug am deutschen Volk gewesen, für das die Nazis doch zu kämpfen vorgaben.

Die Entschuldigung, dass man als Autor für Beifall unerwünschter Herkunft nicht verantwortlich ist, gilt hier – wie so oft – nicht, denn erstens entlastete Tobias die Nazis tatsächlich mit seiner Einzeltätertheorie (und gab damit der politischen Linken im weitesten Sinne doch die Verantwortung nicht nur für den Brand, sondern auch für die »überzogene« Reaktion der Nazis auf den Reichstagsbrand). Zweitens arbeitete Tobias bald ganz offen mit rechtsradikalen Politikern und Publizisten zusammen. Das beginnt mit einem Interview, das er 1963 der *Deutschen National- und Soldaten-Zeitung* gab, setzt sich fort mit einem Beitrag in der rechtslastigen Zeitschrift *mut* und endet mit einer Neuveröffentlichung seines Reichstagsbrandtextes im rechtsradikalen, inzwischen nicht mehr existierenden Grabert-Verlag, dem 2011 erschienenen Buch *Polit-Kriminalfall Reichstagsbrand. Legende und Wirklichkeit.*

Bei diesem Text handelt es sich um einen über sehr viele Seiten fast wortgleichen Abdruck des *SPIEGEL*-Textes von 1959. Der Co-Autor Fred Duswald, ein bekannter Rechtsradikaler, teilt in seiner Danksagung mit, dass Fritz Tobias sich an ihn gewandt habe mit der Bitte, seinen Text zum Reichstagsbrand erneut zu publizieren. Duswald, der 2015 ehemalige Insassen des KZ Mauthausen eine »Landplage« nannte und dies widerrufen musste, kam dem »ehrenden Ansinnen« von Tobias gerne nach, da ihm, Duswald, das Ergebnis der »faktengesättigten Beweisführung« schon 1959 im *SPIEGEL* »auf Grund der unbestreitbaren Tatsachen sogleich« eingeleuchtet habe.

Ein Beitrag von Tobias in einer Festschrift, herausgegeben vom rechtsradikalen Arndt-Verlag zum 60. Geburtstag des Holocaust-Leugners David Irving im Jahre 1998, dürfte ebenfalls wohl kaum ohne Tobias' Zustimmung dort abgedruckt worden sein. Beifall zollte auch Adolf von Thadden, langjähriger Vorsitzender der NPD. Mit ihm zusammen recherchierte Tobias in der Reichstagsbrandsache; unter anderem kreuzten beide gemeinsam 1983 bei der Witwe des früh unter etwas mysteriösen Umständen verstorbenen Rudolf Diels auf, sicherten sich dessen Nachlass, brachten ihn zwar im niedersächsischen Staatsarchiv unter, jedoch mit der Auflage, dass (für die Dauer von zehn Jahren) nur Tobias und von Thadden diesen Nachlass einsehen durften. Darüber hinaus besteht der dringende Verdacht, dass Tobias einen von der Witwe Diels' erhaltenen Ordner nicht an das Archiv übergab, sondern in seine Privatsammlung einfügte.

Tobias war Beamter des niedersächsischen Verfassungsschutzes. Die NPD war eine rechtsradikale Partei in der Tradition der NSDAP. Bei der niedersächsischen Landtagswahl 1967 erhielt sie sieben Prozent der Stimmen. Tobias' vornehmste Aufgabe wäre gewesen, die NPD zu beobachten, anstatt mit deren Vorsitzenden zu kooperieren und der NPD-nahen *Deutschen National- und Soldaten-Zeitung* Interviews zu geben.

Tobias musste sich für dieses Interview innerhalb seiner Dienststelle rechtfertigen. Dabei führte er aus, dass der ihm »bis dahin unbekannte Vertreter« der *Deutschen National- und Soldaten-Zeitung* Anfang Februar 1963 »ohne vorherige Anmeldung überraschend in meiner Wohnung« erschienen war. »Ich lehnte unter Hinweis auf einen – tatsächlich bestehenden – Zeitmangel ab, ihn zu empfangen. Er berief sich jedoch darauf, daß er eigens von außerhalb nach Hannover gekommen sei, um mir zu einem bereits im Wesentlichen fertiggestellten Artikel aus Anlaß des 30. Jahrestages des Reichstagsbrandes einige wenige sachliche Fragen zu stellen.«

Von einem Interview sei keine Rede gewesen und er sei überzeugt gewesen, dass es bei dem »relativ kurzen und unter Zeitdruck stehenden losen Gespräch« nur um Sachfragen ginge und seine Person dabei keine Rolle spiele. Was für ein Märchen.

Sieht man sich dieses Interview in dem Nazi-Blatt genauer an, stellt man schnell fest, dass das Gespräch nicht zwischen Tür und Angel stattgefunden haben kann. Der Interviewer W. Thiede merkt in eingestreuten Zwischenbemerkungen an, dass Tobias mehrmals Dokumente, Bücher oder Zeitschriften aus seinem Regal holt und dem Interviewer zeigt. Schließlich fragt der Interviewer: »Ich glaube, wir haben heute abend (sic!) fast erschöpfend eine Reihe der Fragen behandelt. Was ist nun Ihrer Meinung nach der bleibende Wert Ihrer Arbeit?« Tobias: »Aufgezeigt zu haben, wie spontan durch ein unter Umständen belangloses Ereignis eine katastrophale Entwicklung sich anschließen kann.«

Hier schimmert die geradezu verrückt zu nennende These durch, dass die Nazis, insbesondere Hitler selbst sich angesichts des Reichstagsbrandes radikalisiert, Hitler sozusagen aus Versehen und aus einem Erschrecken zum Diktator geworden war. Wir werden diesem Gedanken im nächsten Kapitel wieder begegnen, wollen aber zunächst auf ein Schreiben von Tobias an seine Vorgesetzten blicken. 1963 musste er behördenintern eine schriftliche Stellungnahme abgeben betreffend seine Aktivitäten in Sachen Reichstagsbrand. Mit Datum vom 9. März 1963 schrieb Tobias, inzwischen Regierungsdirektor im niedersächsischen Innenministerium, einen neunseitigen Brief an eine andere Abteilung seiner Behörde zu fünf ihm zuvor gestellten Fragen. In diesem Brief gibt er klar darüber Auskunft, was ihn zu seinen Forschungen und Publikationen zum Reichstagsbrand motiviert hatte.

Hintergrund zu dem Schreiben ist eine gerichtliche Auseinandersetzung zwischen Hans Bernd Gisevius und dem der Brandstiftung verdächtigen ehemaligen SA-Mann Hans Georg »Pistolen-Heini« Gewehr, auf die wir noch zu sprechen kommen. Tobias soll an den Anwalt Gewehrs mehr oder weniger illegal Informationen weitergeleitet haben. Gewehrs Prozessgegner Hans Bernd Gisevius hatte sich an das Bundesinnenministerium gewandt, um sich über offensichtlich unerlaubt erworbene und gegen ihn eingesetzte Informationen zu beschweren; das Bundesinnenministerium wiederum bat das niedersächsische Innenministerium um eine Stellungnahme. So kam es zur Befragung von Tobias durch seine eigene Behörde.

Die Abteilung 1 im niedersächsischen Innenministerium fragte Tobias zunächst, ob er auf dienstlichen Wegen zu privaten Zwecken Informationen aus dem Berlin Document Center angefordert habe und gegebenenfalls mit wessen Genehmigung. Ob es hierüber einen Vermerk gebe. Ob er Gewehr darüber informiert habe, was er vom Berlin Document Center erhalten habe. Ob er Gewehr in seinen Diensträumen empfangen habe oder mit ihm von dort aus telefoniert habe.

Zunächst beteuert Tobias, »überhaupt niemals ›für private Zwecke‹ Unterlagen aus dem Document Centre Berlin oder sonstwoher angefordert« zu haben, »sondern stets nur im Zuge der mir offiziell erteilten bzw. genehmigten Aufträge und Ersuchen«. Im Berlin Document Center lagerte unter anderem die zentrale Mitgliederkartei der NSDAP, ein wunderbares Erpressungsinstrument – wenn man denn an die Informationen herankam. Tobias in seiner Funktion als Mitarbeiter des Verfassungsschutzes kam durchaus heran und machte davon auch Gebrauch, wie wir noch sehen werden.

Weiter führt er aus: »Den ersten dienstlichen Auftrag zur Untersuchung der näheren Umstände des Reichstagsbrandfalls erhielt ich bereits Ende 1951 / Anfang 1952.« Durch einen aktuellen und spektakulären Kriminalfall sei ein Schlaglicht auf den ermittelnden Kriminalrat Zirpins geworfen worden, und es wurde öffentlich über seine Rolle als Kriminalbeamter diskutiert. Zirpins hatte 1933 gegen van der Lubbe ermittelt. »Diese Tatsache gab Anlaß zu heftigen Pressepolemiken, insbesondere von kommunistischer Seite, gegen Dr. Zirpins, aber auch gegen das Innenministerium.« Ersten kritischen Presseberichten hätten sich Vorwürfe gegen Dr. Zirpins angeschlossen wegen seiner »Tätigkeit 1940/41 im Ghetto Łódź/Litzmannstadt«. Zirpins hatte sich an der Ausplünderung der Juden im Łódźer Ghetto führend beteiligt.

Tobias wiederum habe sich »als Referent der Nachrichtenpolizei (...) ständig« im Auftrag verschiedener Minister und Staatssekretäre »um heikle personelle Aufträge« kümmern müssen. »Auch im Falle Dr. Zirpins wurde mir (...) der Auftrag erteilt, Dr. Zirpins' Rolle beim Reichstagsbrand 1933 und in Łódź 1941 zu überprüfen.« Bei der Zitierung der kommenden Absätze muss der Autor den Zitaten den Vortritt lassen, weil man als Leser geneigt sein könnte, der Darstellung nicht zu glauben.

»Ich erinnere mich, daß man mich dieserhalb sogar telefonisch von einer Dienstreise aus Oldenburg zurückgerufen hat. Sogar das Bundeskriminalamt schaltete sich in die Aufklärung ein«, schreibt Tobias. »Da auch die nicht-kommunistische Presse einen erheblichen Anteil an diesem Fall Dr. Zirpins nahm, drohte er sich zu einem politischen Skandal auszuweiten.

Im Rahmen dieser Untersuchung (...) forderte ich bereits Anfang 1952 die Unterlagen Dr. Zirpins' aus der Berliner Dokumenten-Zentrale an. (Während meiner Tätigkeit als Referent für die Nachrichtenpolizei bin ich im Hinblick auf meine seit 1947 bestehende Ermächtigung mehrfach beauftragt worden, in ähnlichen Fällen derartige Unterlagen anzufordern. Die Ermächtigung ist erst im Herbst vorigen Jahres widerrufen worden.)« Zu vermuten wäre, dass dies erfolgt ist, nachdem Tobias von seiner Erlaubnis, in Berlin NSDAP-Fakten abzurufen, vielleicht doch etwas zu intensiv Gebrauch gemacht hatte. Tobias weiter: »Das Ergebnis der Untersuchung über Dr. Zirpins' Rolle beim Reichstagsbrand-Untersuchungsverfahren ergab, daß

a. die insbesondere von kommunistischer Seite gegen Dr. Zirpins erhobenen Vorwürfe unbegründet waren
b. die auf kommunistischen Zweckfälschungen beruhende bisherige Weltmeinung, wonach festzustehen schien, daß die NS-Führung für den Brand und seine weltpolitischen Folgen verantwortlich sei, widerlegt war.

Die zwangsläufig damit verbundene Erkenntnis von der unabsehbaren politischen Bedeutung dieser unerwarteten Aufklärung des sogenannten Reichstagsbrand-Rätsels trug ich dann Herrn Minister Borowski, Herr Min. Dirig. Hofmann und später Herrn Min. Präs. Kopf sowie den Herren Minister Dr. W e g m a n n, Staatssekretär Dr. W e s t e r k a m p und anderen Vorgesetzten und Kollegen vor. Sie alle erkannten, daß diese geschichtliche Korrektur imstande war, endlich die ebenso ungerechtfertigte wie unerschöpfliche Quelle der Kommunisten zu verstopfen, die sie skrupellos bis auf den heutigen Tag für ihre ständigen, demagogisch keineswegs unwirksamen hetzerischen Angriffe gegen die Bundesrepublik, ihre leitenden Persönlichkeiten in der Regierung, in der Polizei, aber auch in der SPD und den Gewerkschaften benutzt haben. Sie alle erkannten die politische Bedeutung für den heutigen politischen Abwehrkampf gegen die aus dem Osten herandrängende Propagandaflut und bestärkten und ermutigten mich – naturgemäß ohne schriftliche Fixierung – zwecks späterer Klarstellung in geeigneter Weise zunächst die notwendigen weiteren Untersuchungen durchzuführen.«

Hier müssen wir kurz Luft holen und rekapitulieren: Offenbar ist die Einzeltäterthese entstanden, um im »politischen Abwehrkampf gegen die aus dem Osten herandrängende Propagandaflut« etwas entgegenzusetzen. Weil die Bundesrepublik sich in der Nachkriegszeit massiven Vorwürfen von links ausgesetzt sah, in Politik und Verwaltung weiterhin ehemalige Nationalsozialisten zu beschäftigen, kam, so argumentiert Tobias, sein »Befund«, die Nazis seien gar nicht schuld am Reichstagsbrand, sondern tatsächlich allein der Verurteilte Marinus van der Lubbe, allen gelegen – nicht zuletzt, weil man »kommunistische Propaganda« nie genug diskreditieren konnte.

In seiner Überzeugung, van der Lubbe habe als Einzeltäter gehandelt, war Tobias schließlich dazu übergegangen, verdächtige SA-Leute zu unterstützen, damit diese sich vom Verdacht der Brandstiftung des Reichstages reinwaschen konnten, nach dem Motto »weil nicht sein kann, was nicht sein darf«, sprich: Van der Lubbe hat allein gehandelt, also muss der SA-Mann unschuldig sein. Oder war es vielleicht umgekehrt? Entstand die Einzeltäterthese, um die wahren Täter zu schützen?

Die Kooperation zwischen dem tatverdächtigen Gewehr und Tobias ging schließlich so weit, dass Gewehr die ihn porträtierenden Seiten in Tobias' Buch selbst verfasste, ehe der Autor sie in sein Buch einbaute, wie aus dem Nachlass von Fritz Tobias unzweifelhaft hervorgeht. In seiner Obsession, die Nazis vom Reichstagsbrand reinzuwaschen, saß Tobias schließlich mit den möglichen Tätern in einem Boot, indem er ihnen half, ihre vermeintliche Unschuld zu beweisen.

Historische Wahrheitsfindung? Der Zweck heiligt die Mittel. Das ist, spöttisch ausgedrückt, so, wie sich Klein Fritzchen den Kalten Krieg immer vorgestellt hat.

Zugleich konnte Tobias seinen im gleichen Ministerium tätigen Kollegen Dr. Zirpins in der Sache van der Lubbe entlasten. Zwar war die Hinrichtung van der Lubbes wegen der rechtlich fraglichen Umstände so oder so ein Justizmord, an dem Polizisten, Kriminalisten, Staatsanwälte und Richter ihren Anteil hatten, aber Zirpins stand so doch etwas besser da. Zumal es Tobias gelang, Zirpins so darzustellen, als habe dieser schon nach seinen ersten Ermittlungen auf van der Lubbes Alleintäterschaft bestanden – was nicht einmal stimmt. Die Konstruktion ist folgende: Zirpins hat die Alleintäterschaft van der Lubbes bezeugt, und da es so auch vom Gericht, wenn auch zähneknirschend, erkannt worden war, hat Zirpins keine Mitschuld am Todesurteil: Er hat ja nur ermittelt.

Einige Absätze weiter heißt es in dem Brief von Tobias: »Vor allem beweist die hierneben überreichte Anlage 2a-d, daß Herr Min. Dirigent Hofmann für mich Unterlagen aus der Dokumenten-Zentrale Berlin hat besorgen lassen. (...) Herr Min. Präs. K o p f hat mir wiederholt ausdrücklich sein Einverständnis für die Veröffentlichung damals in Form der fragmentarischen *SPIEGEL*-Serie übermitteln lassen bzw. mir selbst gegenüber ausgesprochen.«

Wir werden bald sehen, wie Fritz Tobias von seinen Möglichkeiten, die NSDAP-Kartei im Berlin Document Center abzufragen, Gebrauch machte. Tobias noch mal zu seinem Zugang zu diesem brisanten Archiv: »Keiner der Herren hat jemals den Verwendungszweck der benötigten Unterlagen und Dokumente in irgendeiner Form begrenzt.«

Als Ministerpräsident Kopf vorübergehend nur als Innenminister amtierte, wollte er Tobias zu Beginn seiner Amtszeit ein neues Tätigkeitsfeld zuteilen. Tobias berichtete ihm von seinen Recherchen und seiner Absicht, sein geplantes Buch vorab »fragmentarisch« im *SPIEGEL* zu veröffentlichen, »um den mit Sicherheit zu erwartenden zahlreichen, praktisch jedoch im Sinne der kommunistischen Geschichtsverfälschung erfolgenden Veröffentlichungen zuvorzukommen«. Er sei deshalb sehr angespannt. Herr Minister Kopf hatte dafür Verständnis und sah von einer Umsetzung zum damaligen Zeitpunkt ab, auch aufgrund seiner »eigenen bitteren Erfahrungen mit den gewissenlosen Fälschungspraktiken der Kommunisten«.

Hierzu muss man wissen, dass sich auch Hinrich Wilhelm Kopf, erster Ministerpräsident Niedersachsens (SPD), während des Krieges der Ausplünderung polnischer Juden im Gebiet Lubliniec schuldig gemacht hatte. Polen hatte 1948 die Auslieferung Kopfs verlangt. So viel zu den »eigenen«, also Kopfs, »bitteren Erfahrungen mit den gewissenlosen Fälschungspraktiken der Kommunisten«. Nach einer 2010 erschienenen Dissertation der Historikerin Teresa Nentwig, in der sie vor allem die Tätigkeiten Kopfs im Gebiet Lubliniec untersuchte, wurden verschiedene Ehrungen Kopfs einkassiert, so auch die Benennung des Platzes vor dem niedersächsischen Landtag nach ihm.

Tobias hat also nicht nur aus ideologischen Gründen die Alleintäterthese in die Welt gesetzt, was mit Wissenschaft nichts, aber auch gar nichts zu tun hat, er tat dies auch mit Wissen und Billigung, und ja, auch das, auf Weisung seiner Vorgesetzten. Sie besorgten ihm Informationen und hielten ihn an wenig arbeitsintensiven Positionen, die es ihm ermöglichten, seine Alleintäter-Forschungen weiterzubetreiben – zum Zwecke der Abwehr der »kommunistischen Propagandaflut«.

Durch seinen *SPIEGEL*-Artikel zur öffentlichen Person geworden, trat bald der Rechtsanwalt eines SA-Veteranen an Tobias heran. Bei diesem ehemaligen SA-Mann handelt es sich um den bereits erwähnten späteren (selbst ernannten) Bauingenieur Hans Georg Gewehr, auch »Pistolen-Heini« genannt. Dieser war unter anderem von Hans Bernd Gisevius beschuldigt worden, so etwas wie der technische Leiter der Reichstagsbrandstiftung gewesen zu sein. Gewehr war, wie bereits beschrieben, in der SA der Mann, der sich mit Brandstiftungen unter Zuhilfenahme selbstentzündlicher Flüssigkeiten auskannte.

Der Rechtsanwalt Gewehrs muss den gleichen Gedanken gehabt haben wie Alfons Sack, der Verteidiger Ernst Torglers im Reichstagsbrandprozess rund 30 Jahre zuvor, der da lautete, dass es logischerweise keine weiteren Täter geben kann, wenn Marinus van der Lubbe Alleintäter war. Damit wäre sein Mandant aus dem Schneider.

Also ließ sich Tobias darauf ein, um seine Alleintäterthese zu stützen, bei der Verteidigung eines SA-Mannes zu helfen, der der Mittäterschaft, d. h. der Brandstiftung des Reichstages beschuldigt worden war – obwohl es für die Verdächtigung Gewehrs gute Gründe gab. Auch zu diesem Zweck benutzte Tobias offensichtlich das Berlin Document Center, und er missbrauchte auch hier seine amtliche Position, sein »dienstlich« erworbenes Wissen. Tobias gab auch zu, dass er dem Anwalt Gewehrs, der ihn wiederholt in Hannover aufgesucht habe, »Einblick in meine gesamten Unterlagen erteilt und ihm überhaupt jede Unterstützung gewährt« habe, »insbesondere, nachdem sich Dr. Roesen von den Motiven und der Bedeutung meiner Arbeit überzeugt hatte und selbst fortan seine Rolle in dieser Auseinandersetzung zwischen Wahrheit und Lüge, kommunistischer Agitation und deren Abwehr, ebenso wie ich als Gewissensangelegenheit auffasste«.

Folge des Einsatzes von Tobias für Gewehr war jene Beschwerde des Prozessgegners von Gewehr, des Publizisten und früheren kurzzeitigen Mitarbeiters der Gestapo, Hans Bernd Gisevius. Dieser war 1933 in der Gestapa/Gestapo aktiv, kannte daher einige Zusammenhänge, verließ Deutschland jedoch und nahm geheimdienstliche Tätigkeiten auf, die sich gegen Nazi-Deutschland richteten. In seinem bereits 1946 erschienenen Buch *Bis zum bitteren Ende* und in einem

ZEIT-Artikel beschuldigte Gisevius Gewehr der Brandstiftung, wogegen Gewehr mit Unterstützung durch Tobias erfolgreich vorging. Die Schadensersatzforderungen Gewehrs kosteten die *ZEIT* viel Geld; Gisevius ruinierten sie.

Gewehr sei niemals in seinem Dienstzimmer gewesen, beteuert Tobias, dieser habe ihn aber »mehrfach während des Dienstes angerufen. Mit Sicherheit ist dabei auch über seinen Rechtsstreit mit Gisevius – der bekanntlich zugleich auch mein Prozeßgegner war – gesprochen worden.« Tobias räumt ein: »Von den Möglichkeiten des LfV, Dokumente oder Akten zu erhalten, habe ich in wenigen Einzelfällen insofern Gebrauch gemacht, als das in der beschriebenen Weise für mein Buch beschaffte Material z.T. Gegenstand des bisher einzigen (von Gisevius) gegen mich geführten Prozesses vor dem Land- bzw. Oberlandesgericht in Hamburg wurde.« Dies sei eine zwangsläufige Entwicklung gewesen, die nicht zu vermeiden gewesen war, wenn er »die mitunter unglaublichen Diffamierungen nicht mit schweigender Gelassenheit« über sich ergehen lassen wolle. Dies sei auch eine Frage der Selbstachtung gewesen.

Die Erlaubnis für sein Vorgehen gibt Tobias sich selbst: Er sei sich sicher, »daß mir meine damaligen Vorgesetzten unter Berücksichtigung der gesamten Zusammenhänge und Hintergründe, die ihnen aus eigener Anschauung bekannt waren, anstandslos die ausdrückliche Genehmigung erteilt haben würden, um die von interessierter Seite mit den übelsten Mitteln bekämpfte Wahrheit durch die vorhandenen historischen Beweisdokumente auch vor Gericht zu erhärten«.

Abschließend erklärt Tobias, dass nach »jahrelangen Widrigkeiten der Kampf um die geschichtliche Wahrheit im Sinne meiner Arbeit und damit gegen den Kommunismus entschieden ist. Das Institut für Zeitgeschichte in München, das mir leider nach anfänglicher Hilfe bis vor wenigen Monaten noch ebensoviel Widerstand entgegensetzte, wie es meinen Gegner Gisevius gegen mich großzügig mit Gutachten und Dokumenten (z. B. gegen Gewehr) unterstützte, hat inzwischen völlig umgeschaltet und wird in Kürze in einer offiziellen Stellungnahme ein Bekenntnis zu meiner Darstellung abgeben und damit den jahrelangen Streit beenden.«

Halten wir fest: Tobias hat sich über Jahre Informationen aus dem Berlin Document Center beschafft, teils mit ausdrücklicher Genehmigung seiner Vorgesetzten, teils genehmigte er sich seine Handlungen selbst. Es gab da offensichtlich wenig Kontrolle. Mit diesen Dokumenten unterstützte er einen ehemaligen SA-Mann, Hans Georg Gewehr, der übrigens auch von Rudolf Diels, dem ersten Gestapo-Chef, 1946 der Brandstiftung im Reichstag verdächtigt worden war. Am 26. Juli 1946 schrieb Diels an die britische Delegation beim Internationalen Militärgerichtshof, dass der ehemalige SA-Führer Hans Georg Gewehr, der von Gisevius als der Haupttäter der Reichstagsbrandstiftung bezeichnet wurde »und auch von mir dafür gehalten wird«, vernommen werden sollte. Dieser Brief fand sich im Archiv von Tobias, nicht im bereits genannten niedersächsischen Staatsarchiv. Tobias hat sich diesen Brief angeeignet und somit – zumindest solange er lebte – für die Forschung unzugänglich gemacht. Juristisch nennt man so etwas Beweisunterdrückung.

Sein erpresserisches Meisterstück lieferte Tobias bald darauf ab, als es darum ging, seinem Buch, dem bisher nicht viel Aufmerksamkeit geschenkt worden war, wissenschaftliche Anerkennung zu verschaffen. Dazu zwang er das Institut für Zeitgeschichte; das oben genannte völlige Umschalten des Instituts war Ergebnis des Drucks, den Tobias auf den Direktor des Instituts, Helmut Krausnick, ausübte, wie wir gleich sehen werden.

6 Hans Mommsen und der große Streit

Nachdem Fritz Tobias seine Alleintätertheorie im *SPIEGEL* untergebracht hatte, nachdem er den Regierungsapparat in Hannover von der Notwendigkeit und Richtigkeit seiner Untersuchung überzeugt hatte, nachdem er seine Theorie erheblich ausgeweitet in seinem Buch *Der Reichstagsbrand – Legende und Wirklichkeit* dargestellt hatte, die öffentliche und fachliche Aufmerksamkeit aber eher gering oder negativ ausfiel, wäre das alles unter dem Strich doch eher folgenlos geblieben. Ein Buch unter vielen, kein Bestseller (nur eine Auflage), eine weitere Theorie über die Nazi-Zeit, weiter nichts. Tobias spürte das, und er wollte mehr: Anerkennung, wissenschaftliche Anerkennung. Er wollte seine These, bei der es sich, davon war er überzeugt, um die »Wahrheit« handelte, durchsetzen. Wenn er das schaffte, wäre das mehr als ein Achtungserfolg eines Amateurhistorikers, wie er jetzt oft in der Öffentlichkeit genannt wurde, und Tobias setzte nun alles daran, diese Anerkennung auch zu bekommen. Dafür brauchte er das Institut für Zeitgeschichte (IfZ); niemandes Wort galt mehr in der bundesdeutschen Geschichtswissenschaft, vor allem, wenn es um die Nazi-Zeit ging.

Dieses Institut, dessen Bestimmung in der Erforschung der – zum Zeitpunkt seiner Gründung – jüngsten Vergangenheit, also der Nazi-Zeit lag, wozu auch ausdrücklich das Rätsel des Reichstagsbrandes gehörte, hatte bei dem Historiker und Gymnasiallehrer Hans Schneider ein Gutachten betreffend die Tobias-Thesen bestellt und ihn mit dem wenigen zu der Zeit vorhandenen Material versorgt. Das Institut war extrem skeptisch gegenüber Tobias' Theorie und hatte in den gerichtlichen Auseinandersetzungen zwischen Hans Bernd Gisevius und Hans Georg »Pistolen-Heini« Gewehr ein Gutachten zugunsten von Gisevius verfasst, was Tobias zutiefst verärgerte. Auch Schneider war, was die Tobias-Ergebnisse anging, sehr skeptisch.

Tobias hatte mit seinen dienstlichen Möglichkeiten, Informationen vom Berlin Document Center zu erhalten, herausgefunden, dass der damalige Direktor des Instituts für Zeitgeschichte, Helmut Krausnick, von 1932 bis 1934 Mitglied der NSDAP gewesen war. Es mag zwar ein mutiger Schritt gewesen sein, 1934, möglicherweise unter dem schockierenden Eindruck des Röhm-Massakers, aus der NSDAP wieder auszutreten, änderte aber nichts an dem Faktum, dass Krausnick Parteimitglied gewesen war – in der Position als Direktor des wichtigsten Instituts zur Erforschung der Nazi-Zeit ein Ding der Unmöglichkeit. Tobias wusste das, und er nutzte das. Er ging in ein Duell mit Krausnick, wissend, dass er eine geladene Pistole in der Hand hatte, Krausnick aber nur eine Spielzeugwaffe mit Platzpatronen.

Er bedrohte Krausnick verbal in Briefen und auf eine Art, die man sich kaum vorzustellen vermag; man glaubt, sich in einen schlechten Krimi verirrt zu haben. Er, Tobias, wolle Krausnick »Gelegenheit bieten«, seine Haltung zu überdenken, schrieb Tobias 1963 an Krausnick. Seine »Einseitigkeit« werde er, Krausnick, eines Tages bereuen, womit die Parteinahme des Instituts für Hans Bernd Gisevius gemeint war. Tobias schrieb weiter: »Ich bin bereit, das Vergangene gewesen sein zu lassen. An Ihnen ganz allein liegt es jetzt, zu bestimmen, wie sich die Zukunft gestaltet.« Er, Tobias, sei lange geduldig gewesen, aber »in dieser Auseinandersetzung zwischen einem in Jahrzehnten gewucherten Lügen- und Legenden-Komplex und der Wahrheit kann es keinen Kompromiß geben«. Krausnick beklagte sich institutsintern, dass Tobias sich im Besitz »der Wahrheit« zu befinden glaube, weshalb er, Tobias, keinerlei Anlass für eine sinnvolle, argumentative Debatte sähe. Tobias stehe »sehr stark im Banne seiner eigenen These«, bemerkte Krausnick schon 1958 gegenüber dem Direktor der Bundeszentrale für Heimatdienst (später Bundeszentrale für politische Bildung), Dr. Franken.

An Tobias schrieb er etwas spöttisch über seine, Krausnicks, »mangelnde Einsicht« und dass er sich ausmalen könne, wie sich die Zukunft wohl gestalten werde. Tobias antwortete, dass es »wahrlich besser gewesen« wäre, wenn Krausnick sich die Mühe erspart hätte, diesen Brief zu schreiben. Nun habe er, Krausnick, sich selbst in eine »fatale Situation« gebracht.

Zugleich begann Tobias, belastendes Material gegen einen weiteren Mitarbeiter des Instituts, den Historiker Hermann Graml, zu suchen, wurde aber nicht fündig, weil Graml bei Kriegsende gerade einmal 16 Jahre alt gewesen war. Wütend auf Graml war Tobias vor allem, weil Graml der Verfasser des oben erwähnten Gutachtens des IfZ betreffend den Rechtsstreit von Gewehr mit Gisevius gewesen war.

In einem Brief an den *SPIEGEL*-Redakteur Günther Zacharias teilte Tobias dem Redakteur triumphierend mit, dass Krausnick selber ein »Alter Kämpfer« gewesen sei, man also einen »braunen Bock zum Gärtner« gemacht habe und dieser jetzt davor zittere, »daß seine braune Vergangenheit herauskommt«. Krausnick, so Tobias' abenteuerliche Argumentation, habe Angst, dass man seine Vergangenheit durchleuchten könne, wenn er sich auf Tobias' Seite stelle, womit Tobias insbesondere die DDR und allgemein die politische Linke meinte. Wegen dieser Angst sei Krausnick »nicht frei in seinen Entscheidungen«.

Tatsächlich war Krausnick einfach nicht mit Tobias einer Meinung. 1953 publizierte Krausnick zusammen mit seinem Vorgänger im Amt des Institutsdirektors, dem 1952 verunglückten Historiker Hermann Mau, das Buch *Deutsche Geschichte der jüngsten Vergangenheit 1933 – 1945*, worin sich folgende Sätze finden: »Van der Lubbe wurde zum Tode verurteilt und hingerichtet. Er hatte seine nationalsozialistischen Hintermänner nicht preisgegeben. Die Frage ist bis heute offen, ob diese mit Wissen der nationalsozialistischen Führung oder auf eigene Faust gehandelt haben, ob also die Brandstiftung Hitler erwartetermaßen oder als willkommene Überraschung den Anlaß gegeben hat, die wohlvorbereitete Aktion gegen die Kommunistische Partei auszulösen.« Klare Worte. Man könnte fast sagen, diese Sicht auf den Reichstagsbrand war die Linie des Instituts, bis Tobias sich daranmachte, das IfZ umzudrehen.

Schließlich gab Krausnick nach. Tobias schrieb daraufhin an Zacharias von einem »löblichen Entschluß« des Instituts, den er einer gewaltsamen Mobilisierung der öffentlichen Meinung gegen das Institut vorziehe. Nun sei die »Hauptschlacht gewonnen«, so Tobias.

Das Institut stand nun aber vor einem neuen Problem: Der Gymnasiallehrer und Historiker Hans Schneider hatte ja bereits vom Institut den Auftrag bekommen, die Thesen von Fritz Tobias, wenn schon nicht zu widerlegen, so doch zu erschüttern, wie man es vereinbart hatte. Zu diesem Auftrag war es gekommen, weil Schneider an den *SPIEGEL* geschrieben hatte, um der Tobias-Serie zu widersprechen. Diese ausführliche Stellungnahme hatte auch das Institut bekommen und lud daraufhin Schneider ein, einen längeren Beitrag für die *Vierteljahreshefte für Zeitgeschichte* zu schreiben. Während der Arbeit

Hans Mommsen, 2008

an seiner Untersuchung schrieb Schneider an das Institut: »Es ist erwiesen beziehungsweise wird erwiesen werden, daß die Zeugenaussagen eine Alleintäterschaft Marinus van der Lubbes ausschließen und dass der entgegenstehende Eindruck von Tobias nur durch eine Art der Argumentation und Dokumentation gewonnen und glaubhaft gemacht werden konnte, die in der Wissenschaft ohne Beispiel ist und vom arglosen Leser nicht für möglich gehalten wird.« Tobias verfolge Spuren nicht, wenn sie seiner Sicht der Dinge widersprächen. Er suche sich aus Protokollen und zeitgenössischen Berichten das heraus, was ihm am besten in die Argumentation passe.

Was tun? Nun schlug die Stunde des jungen Historikers Hans Mommsen, zu der Zeit Mitarbeiter des IfZ, oder, wie er sich später einmal ausdrückte, »Mitglied« des Instituts. Er bekam die Aufgabe, Schneider aus dem Spiel zu nehmen. Der hatte bereits relativ viel geschrieben, war aber noch nicht fertig und hatte die zeitlichen Vorgaben des Instituts weit überschritten. Auch war sein Manuskript inzwischen sehr umfangreich geworden. Mommsen beriet sich mit dem Anwalt des Instituts und fertigte darüber eine Aktennotiz an, in der er festhielt, dass es zwar schwierig sei, Schneider den Auftrag zu entziehen und ihm jedwede anderweitige Publikation zu verbieten, man aber versuchen könne, ihn zu bedrohen, da Schneider sich möglicherweise über seine Rechte nicht im Klaren sei. Man bot Schneider Geld, man drohte mit Druck auf seinen Arbeitgeber, das Stuttgarter Bildungsministerium, man bot ihm noch mehr Geld und drohte ihm einen offenen Konflikt mit dem Institut an. Schließlich gab Schneider auf und traute sich nicht, seinen Text an anderer Stelle zu publizieren, da das Institut ihm das rechtswidrigerweise verboten hatte. Schneiders Text wurde erst 2004, zehn Jahre nach seinem Tod in einem Sammelband des Berliner Wissenschaftsverlages mit dem Titel *Neues vom Reichstagsbrand?* veröffentlicht.

Das Institut übernahm, von Tobias in diese Lage gebracht, dessen unfaire Verhaltensweisen nun gegenüber Schneider, mit dem man anfangs über die grundsätzliche Linie des Artikels einig gewesen war. Mommsen schrieb in seiner Aktennotiz: »Das Institut hat ein Interesse, die Publikation von Hans Schneider zu verhindern, da aus allgemeinpolitischen Gründen eine derartige Publikation unerwünscht zu sein scheint«, was auch immer damit gemeint war. Wurde die Erpressung durch Tobias mit diesen dürren Worten bemäntelt?

Im Sommer 2001 distanzierte sich die Leitung des Instituts für Zeitgeschichte von dem damaligen Vorgehen Mommsens mit den Worten, dies sei »unter wissenschaftlichen Gesichtspunkten völlig inakzeptabel« gewesen, »vergisst« dabei aber, dass der junge Hans Mommsen im IfZ keinesfalls im Alleingang gehandelt hatte, sondern die Leitung des IfZ Mommsen mit der Klärung der Rechtslage beauftragt und seine Vorschläge umgesetzt hatte. In seiner Wut warf Mommsen dem IfZ 2008 in einem Vorwort zu Kellerhoffs Reichstagsbrandbuch vor, »sich immer wieder zum Kumpan der Fälscher-Mafia« gemacht zu haben. Nicht zu übersehen ist aber, dass Hans Mommsen, obwohl noch recht jung und ohne feste Anstellung, die führende Rolle bei der Aktion zur Ausbootung Schneiders gespielt hatte, aber immer im Auftrag und mit Rückendeckung des Instituts. Wir werden später sehen, wie sich das Institut heute zu den damaligen Vorgängen verhält.

Vollzug meldend schrieb Mommsen im Januar 1963 an Tobias: »Zunächst möchte ich Ihnen mitteilen, daß wir das Projekt von Schneider gestoppt haben. Sollte er separat und gegen unseren Wunsch publizieren wollen, können wir das kaum verhindern, so sehr uns daran läge. Schneider ist natürlich mir böse, da er mit Recht vermutet, daß ich spiritus rector in dieser durchaus vom gesamten Institut unterstützten Entscheidung gewesen bin. Ich darf Sie bitten, von dieser Mitteilung keinen öffentlichen Gebrauch zu machen.«[9]

Nun aber, Ende 1962, hatte Mommsen sich den Freiraum erkämpft, sich Tobias' Thesen, die inzwischen auch zwischen zwei Buchdeckeln erschienen waren, vorzunehmen und etwas zu schreiben, was er selber schlechterdings nicht gedacht oder geglaubt haben kann – dazu später mehr. In den *Vierteljahresheften* des Instituts veröffentlichte er schließlich 1964 einen von Tobias immer ungeduldiger erwarteten umfangreichen Aufsatz, in dem er die Tobias-Thesen mit wissenschaftlichen Weihen versah. Das war der Durchbruch für Tobias, lange ersehnt, hart und unfair erkämpft. Das Ganze erinnert, bildlich gesprochen, an ein durchgerostetes Auto mit defekten Bremsen, dem mittels Bestechung eine neue TÜV-Plakette zuteilgeworden ist.

Mommsen schrieb in seinem über 60 Seiten umfassenden Aufsatz, es sei Tobias' unbestreitbares Verdienst, die »Schallmauer« kommunistisch beeinflusster Zeugnisse durchbrochen zu haben – und wirkt schon in diesem Satz so, als sei er von Tobias' Motiven mitgerissen worden. Tobias habe sein umfassendes Material sorgfältig zusammengetragen. Tatsächlich sei Hitler in der Brandnacht »abrupt in eine Phase totalitärer Experimente« eingetreten, »nachdem er vorher einen nach außen hin gemäßigt erscheinenden Kurs gesteuert hatte, bei freilich zunehmender terroristischer Aktivität der SA und SS«. Wie »gemäßigt« dieser Kurs schon vor dem Reichstagsbrand war, haben wir in früheren Kapiteln gesehen.

Hier bezieht sich Mommsen auf einen absurden Höhepunkt des Tobias-Buches. In seinem Nachwort spricht Tobias davon, es habe sich, indem er den Brand als kommunistisches Aufstandsfanal verkannte, schlicht um einen simplen Irrtum Hitlers gehandelt. In Bezug auf diesen Irrtum zieht Tobias folgendes Resümee: »Unbestritten ist, daß unmittelbare Folge dieses Hitlerschen Mißverständnisses die Errichtung der nackten Diktatur war. Aus dem zivilen Reichskanzler wurde damals fürwahr in einer Sternstunde der Menschheit im flammenlodernden Symbol des besiegten Weimarer Staates der machtberauschte sendungsbewußte Diktator Adolf Hitler.« Sternstunde der Menschheit? Die Nazi-Revolution ein Zufall, entstanden aus der »gelegentliche(n) Dummheit eines Einzelnen« – nämlich Adolf Hitlers?

Diesen Satz zitiert Mommsen in seinem umfangreichen Aufsatz *nicht*; er ist ihm, wie anscheinend den meisten der Tobias-Follower dann doch etwas peinlich. Hier muss Mommsen lavieren: »Gewiß wurde nicht über Nacht aus dem zivilen Reichskanzler ein machtberauschter Diktator, wie Tobias mißverständlich und überspitzt formuliert hat – daß aber jene hysterische Übersteigerung, in die ihn das Brandereignis vom 27. Februar hineintrieb, wesentlich dazu beigetragen hat, die letzten Hemmnisse wegfallen zu lassen und sich völlig der Dynamik des Machthandelns hinzugeben, ist nicht von der Hand zu weisen.« Ein typischer Mommsen-Satz, der ein Meister der Kunst war, einen Standpunkt und das absolute Gegenteil in einem einzigen Satz unverbunden zusammenzupferchen.

Mommsen hatte mit diesem Aufsatz, in dem es bis auf die eben zitierten Zeilen keine Kritik an Tobias gibt, wesentlich dazu beigetragen, dass das wissenschaftlichen Ansprüchen nicht gerecht werdende Buch von Fritz Tobias zum Standardwerk in Sachen Reichstagsbrand werden sollte – nicht nur in Deutschland. Ohne diesen 60-seitigen Aufsatz, der, an so prominenter Stelle abgedruckt, einem Gutachten gleichkommt, gäbe es keine vorherrschende Alleintäterthese, gäbe es keine Entlastung der Nazis in dieser Frage, gäbe es nicht diese Jahrzehnte andauernde erbitterte Kontroverse um den Reichstagsbrand.

Wie bereits angedeutet, war Hans Mommsen allerdings nicht immer dieser Meinung. Im Juli 1962 hatte er in der *Stuttgarter Zeitung* unter der Überschrift: »Der Reichstagsbrand – ein ungelöstes Problem der Forschung. Zwischenbericht über den Stand einer polemischen Diskussion« eine ganzseitige Rezension des Tobias-Buches veröffentlicht. Darin kritisiert er zunächst den anmaßenden Ton, da der »Kriminalist« Tobias die Auffassung vertrete, dass mit »seiner Untersuchung das Problem des Reichstagsbrandes ein für allemal geklärt sei«. Auch erschwere Tobias von vornherein durch diffamierende Äußerungen eine sachliche Stellungnahme, etwa wenn Tobias sich darüber beschwere, dass »seine ›neue Wahrheit‹ systematisch totgeschwiegen werde«, weil seine »Resultate nicht in das seiner Meinung nach, ›bereits weitgehend erstarrte offizielle Geschichtsbild der Schicksalsjahre 1933 bis 1945‹ hineinpaßten«. Mommsen weist diese »diffamierende(n) Behauptungen« und die »gereizten« und »überflüssigen« Polemiken im Buch von Tobias ausdrücklich zurück und benennt diese als Grund für die Zurückhaltung der Fachhistorie gegenüber Tobias' Thesen. Ferner sei der »Zeithistoriker vielfach überfordert, wenn er die kriminalistischen und brandtechnischen Probleme sachgemäß beurteilen soll«, was auch angesichts der unzulänglichen Quellenlage »nicht eben reizvoll« sei. Im Übrigen sei die Bedeutung der Frage der Urheberschaft des Reichstagsbrandes »für die Gesamtinterpretation der Anfangsphase der nationalsozialistischen Herrschaft« als »beschränkt« anzusehen.

Mommsen moniert, dass Tobias »geflissentlich« verschweige, dass »ein unumstößlicher Nachweis der Alleintäterschaft van der Lubbes oder der Beteiligung der Nationalsozialisten angesichts der jetzigen Quellenlage unmöglich« sei. Seine Darstellung beruhe »keineswegs auf neuen, den Sachverhalt restlos aufklärenden Quellen, sondern vielmehr auf einer neuartigen Interpretation des bislang bekannten Materials, das Tobias freilich durch zahlreiche Aussagen noch lebender Zeugen ergänzen konnte«, die jedoch »bedauerlicherweise« nicht »präzis« wiedergegeben würden, sodass »sie als Quelle angezweifelt werden können«.

Er sei bei seiner Darstellung einseitig darum bemüht, »alle seiner Deutung entgegenstehenden Indizien zu verkleinern oder zu entwerten. Suggestiv schildert er die eigene Version des Brandhergangs und Prozeßverlaufs; in gänzlich anderem Zusammenhang und gelegentlich nur recht beiläufig kommt er auf die Dinge zu sprechen, die dem Leser zum Zweifel Anlaß geben könnten. Dazu gehört, daß die von ihm aufs heftigste kritisierten Gutachten der Brandsachverständigen im Quellenanhang nicht erscheinen, während die als Fälschung bekannten und bei Wolff [Forschungsbericht zum Reichstagsbrand aus dem Jahre 1956 – U.S.] abgedruckten *Braunbuch*-Dokumente und der Ernst-Kruse-Brief mitgeteilt sind.[10] Auch sonst erweckt Tobias«, so Mommsen weiter, »mitunter den Eindruck, als müsse er bestimmte Quellenbefunde ›frisieren‹. Wollte man Tobias' Mißtrauen gegen die ›offizielle‹ Geschichtsschreibung mit gleicher Münze heimzahlen, könnte man viele Blätter füllen. Bedauerlich ist, daß die Quellennachweise (im Interesse der besseren Lesbarkeit) ungenügend sind, daß die gehäuften Zitate vielfach nicht korrekt wiedergegeben sind, daß man sich auf die Übersetzungen fremdsprachiger Texte nicht immer verlassen kann, vor allem, daß Zeugenaussagen und Gutachten, die seiner Interpretation entgegenstehen, von vornherein tendenziös vorgetragen werden und daß die in Frage stehenden Personen in ein bereitliegendes Schwarz-Weiß-Charakterklischee eingeordnet werden (was soll die Bemerkung, daß der Kriminalkommissar und spätere SS-Sturmbannführer Zirpins nie der NSDAP angehört habe?). All das soll freilich nicht zum Vorwand genommen werden, um die Argumente, die Tobias vorbringt, in Bausch und Bogen anzuzweifeln.«

Die kriminalistische Seite des Problems stehe und falle mit der Beurteilung der Brandgutachten, so Mommsen weiter. Mommsen konzediert, dass »Tobias' Beweiskette hinreichend schlüssig« sei, »wenn auch teilweise hypothetischer Natur«.

Mommsen weiter: »Die nationalsozialistische Mitwisserschaft ist demnach ebensowenig positiv nachzuweisen wie die konkrete Beteiligung. Von den wenigen Ueberlebenden des allenfalls zu verdächtigenden Personenkreises ist keine Auskunft zu erwarten. Nun gilt der Satz in dubio pro reo auch für die Nationalsozialisten. Es ist daher nicht länger möglich, die Nationalsozialisten der Schuld am Reichstagsbrand zu verdächtigen, sei es aus Mangel an Beweisen, sei es, weil Tobias' Theorie im Lichte dieser Tatsachen an Ueberzeugungskraft noch gewinnt. Nüchtern betrachtet, bedarf seine in mancher Hinsicht hypothetische Theorie der Brandursache und des Brandhergangs einer schlüssigen Widerlegung, bevor sie, wie das häufig geschehen ist, als weitere Legende abgestempelt wird. Die entgegenstehenden Versionen haben ihr gegenüber den Nachteil, daß sie von isolierten und schwer miteinander zu vereinbarenden Indizien ausgehen müssen, in noch stärkerem Maß Ermessensurteilen unterliegen und zahlreiche weitere Unbekannte enthalten. Auch die Fachhistorie wird daraus die Konsequenzen zu ziehen haben, und sie wird bei allen Vorbehalten Tobias die Anerkennung nicht versagen können, einen so schwierigen Problemkomplex von Grund auf angefaßt und unter fruchtbaren Fragestellungen gesucht zu haben.«

Man kann die letzten Sätze durchaus als einen Teilerfolg für Tobias – bei ansonsten, wie zitiert, vernichtender Kritik – ansehen. An dieser Stelle schimmert das einzige Mal etwas durch den Türspalt, was Mommsen tatsächlich zwei Jahre später vollziehen wird, die Anerkennung der Tobias-Behauptungen. Es ist übrigens ein nicht ganz leicht zu durchschauender Trick Mommsens, für die Nazis das Prinzip »in dubio pro reo« in Anschlag zu bringen – ausgerechnet die Nazis! – und dann den Satz »es ist daher nicht länger möglich, die Nationalsozialisten der Schuld am Reichstagsbrand zu verdächtigen« anzuhängen. Es ändert doch nichts an der *Verdächtigung* eines Täters, wenn er – in dubio pro reo – nicht *verurteilt* werden kann.

Doch absolut nicht einverstanden ist Mommsen hier noch mit den »allgemeinen Schlußfolgerungen über die grundsätzliche Haltung des Nationalsozialismus«, die Tobias aus seiner »neuen Wahrheit« schließen zu können meint. Tobias sei »überzeugt, daß die Notverordnung nur aus dem tragischen Mißverständnis heraus zustande kam, daß der kommunistische Aufstand unmittelbar bevorstünde«. Von Furcht ergriffen, sollen Hitler, Goebbels und Göring nach Art einer Kurzschlusshandlung »beinahe unfreiwillig« den Weg zur totalitären Diktatur beschritten haben, so kritisiert Mommsen Tobias. Es folgt, und Mommsen zitiert ihn in seiner ganzen Pracht, der uns schon bekannte Tobias-Satz über die Verwandlung des zivilen Reichskanzlers Adolf Hitler in einen sendungsbesessenen Diktator (das »Sternstunde-der-Menschheit«-Zitat). Mommsen spottet: »Zugespitzt könnte man Tobias dahin verstehen, daß die Angstmeier Hitler, Goebbels und Göring vom Gespenst des Kommunismus zu einer derartigen Gewaltpolitik vorangetrieben wurden. Eine solche Deutung ist unhaltbar.«

Mommsen verschärft seine Kritik noch, indem er schreibt, dass gegen Tobias nachdrücklich festgehalten werden müsse, »daß der antikommunistische und übrigens auch antisozialistische Theaterdonner nichts anderes war als skrupellos geschickte Ausnützung einer erhofften Situation. In der Tat zeigt Tobias' Interpretation, die die nationalsozialistischen Ambitionen verharmlost und ihre verbrecherische Politik unfreiwillig subjektiv rechtfertigt, wie unzuverlässig seine Darstellung wird, sobald sie sich von der Erörterung der kriminalistischen Probleme entfernt und auf das Glatteis der allgemeinen Politik begibt. Man lese die phantasievolle Schilderung von Hitlers angeblichen Gedanken in der Brandnacht oder die anhand drittrangiger Quellen angefertigte Skizze der allgemeinen politischen Situation.«

Wir zitieren das alles hier so ausführlich, weil dieser ausgewogene, Tobias teilweise anerkennende, aber in großen Teilen überaus scharf kritisierende Text zum einen kaum bekannt und auch schwer aufzufinden ist, zum anderen aber auch deshalb, weil es der letzte Text vor dem Super-GAU, gemeint ist damit der Text Mommsens zwei Jahre später in den *Vierteljahresheften für Zeitgeschichte*, war. Grob zusammengefasst, bescheinigt Mommsen Tobias 1962 zwar die Leistung, sich des Problems angenommen und die noch immer vom *Braunbuch* geprägte öffentliche Meinung infrage gestellt zu haben, er widerspricht Tobias jedoch eindeutig, die endgültige Klärung des Falles vorgelegt zu haben. Kriminalistisch sei nichts bewiesen und nichts beweisbar, da zu viele Unterlagen unzugänglich seien. Tobias »frisiere« und manipuliere, verändere Zitate, übersetze ungenau und polemisiere in anmaßendem Ton. Außerdem verschweige er die Brandgutachten. Im Grunde ist das schon ein veritabler Verriss; doch damit nicht genug, Tobias begebe sich »vollkommen aufs Glatteis«, wenn er seine – anzuzweifelnde – »neue Wahrheit« politisch interpretiere, wenn er Hitler zugestehe, einfach furchtbar erschrocken über die »kommunistische Brandstiftung« gewesen zu sein und sich aus diesem Schreck heraus zur Verwandlung des Rechtsstaats in eine totalitäre Diktatur entschieden habe.

Erstaunlicherweise hat Mommsen 1986 in einem Sammelband zum Thema Reichstagsbrand behauptet, er hätte bereits 1962 in dieser oben wiedergegebenen Rezension den Thesen von Fritz Tobias zugestimmt, womit natürlich der vollkommen unverständliche Sinneswandel Hans Mommsens wie von Zauberhand verschwindet. So etwas nennt man wohl eine Nebelkerze. Nimmt man noch einen Satz aus einer Replik Mommsens auf einen Artikel Hersch Fischlers in der *taz* vom 4. November 2000 hinzu, verzieht sich der Nebel aber sehr schnell. Dort hatte Mommsen geschrieben, dass er »erst 1964«, also in den *Vierteljahresheften für Zeitgeschichte*, also nicht schon 1962 in der *Stuttgarter Zeitung* die Alleintäterschaftsthese unterstützt hatte. Ein insgesamt eigenartiges Manöver Mommsens (immer wieder fälschlicherweise zu behaupten, er habe Tobias von Anfang an zugestimmt; das hat er nur zu einem kleinen Teil, wie oben ausgeführt), das erahnen lässt, dass ihm die Differenz seiner Rezension in der *Stuttgarter Zeitung* und seines Quasi-Gutachtens in den *Vierteljahresheften für Zeitgeschichte* sowohl bewusst als auch unangenehm war.

In Anbetracht der Entstehungsgeschichte von Mommsens zweitem Text von 1964 in den *Vierteljahresheften* stellt sich die Frage, wie es zu diesem Meinungsumschwung gekommen sein könnte. Der Direktor des Instituts für Zeitgeschichte, Krausnick, war von Tobias erpresst worden; ein Tobias-kritischer Historiker, Hans Schneider, war kaltgestellt worden, woran sich Mommsen aktiv beteiligt hatte, indem er dem Institut für Zeitgeschichte Vorschläge machte, wie es gelingen könnte, Schneider zu verdrängen und zusätzlich einen Maulkorb zu verpassen.

1986 äußerte sich Mommsen in dem bereits erwähnten Piper-Sammelband von mehreren Autoren (*Reichstagsbrand. Aufklärung einer historischen Legende*), die man als die damalige Kernmannschaft des Alleintäterthesen-Lagers bezeichnen kann (Uwe Backes, Eckhard Jesse, Henning Köhler, Karl-Heinz Janßen sowie Fritz Tobias und Hans Mommsen) zu seinen Rezensionen aus den Sechzigerjahren: Kritik an Tobias sei damals unter Historikerkollegen en vogue gewesen, da Tobias ein lieb gewordenes Geschichtsbild des Nationalsozialismus infrage gestellt habe und er außerdem die Regeln des wissenschaftlichen Betriebs verletzt habe. Er sei deshalb zunächst »mit Skepsis« an das Buch herangegangen, so beschreibt er seine damalige Rezension in der *Stuttgarter Zeitung*, eine

Formulierung, die sicherlich euphemistisch genannt werden könnte – er hatte das Buch schließlich verrissen.

Es lässt sich mit nur wenig Mühe vorstellen, wie Tobias auf diese in Teilen spöttische Rezension Mommsens (»Angstmeier Hitler, Goebbels und Göring«) reagiert haben dürfte. Es gibt Briefentwürfe von Tobias an Mommsen, den er zu der Zeit offensichtlich noch nicht kannte, weil diese Briefe an die Redaktion der *Stuttgarter Zeitung* adressiert sind. An einen Mitarbeiter der Bundeszentrale für Heimatdienst schrieb Tobias noch im Juli 1962, Mommsen habe zwar seine Beweisführung »sauersüß« anerkannt, aber übel und unsachlich gegen ihn geschossen. Dafür werde es, so wörtlich, »Nasenstüber« geben.

In diesen Briefentwürfen schlägt Tobias wild um sich. Würde er nicht antworten, so würde ihm dies als »Drückebergerei« ausgelegt oder er müsse sich »gar nachsagen lassen, daß ich mich geschlagen gäbe«, andererseits laufe er Gefahr, dass ihm »Kleinlichkeit und Rechthaberei vorgeworfen wird«. Mommsens Ton sei durchweg anmaßend, schreibt Tobias, er bevorzuge »grundsätzlich unsachliche Verallgemeinerungen«, statt »zur Begründung Ihrer z.T. sehr gravierenden Vorwürfe wenigstens das eine oder andere Beispiel anzuführen«.

Ausführlich setzt Tobias sich für seinen Zeugen Zirpins ein. Mommsen habe ihn als SS-Sturmbannführer beschrieben, hätte aber fairerweise hinzufügen müssen, dass dieser als Polizeiangehöriger »rangangeglichen« worden sei, er also, da er nie in der NSDAP gewesen war, »zumindest damals« (zum Zeitpunkt der Vernehmung van der Lubbes) »NS-mäßig völlig unbelastet« gewesen sei, »also rückschauend nicht als ein faschistischer Parteigänger gelten kann« (Hervorhebung im Original). Handschriftlich fügt Tobias hinzu: »Um es noch deutlicher zu sagen: Der Zeuge Zirpins war an einer ›Weißwaschung‹ der Nazis jedenfalls nicht interessiert!« Die Hervorhebung Zirpins' als Sturmbannführer empfindet Tobias als wenig geschmackvoll. »Vor einer solchen Zeugen-Kategorisierung: ›Nazi‹ = unglaubwürdig bzw. an Nicht-Beteiligung der Nazis interessiert [gemeint ist hier die Nichtbeteiligung der Nazis an der Reichstagsbrandstiftung – U.S.]; ›Nicht-Nazi‹ = zuverlässig und objektiv....möchte ich dringend warnen. Weder erscheint mir eine solche Klassifizierung erfahrungsmäßig geschweige denn wissenschaftlich vertretbar, noch wäre sie ungefährlich. Ein solcher Maßstab für ›Glaubwürdigkeit‹ würde sich z. B. auf namhafte Historiker höchst peinlich auswirken.«

In einem anderen Briefentwurf wird Tobias in diesem Zusammenhang durchaus noch etwas konkreter: Dort spricht er von einem »maßgeblichen Repräsentanten des Instituts für Zeitgeschichte«, für den sich das »höchst nachteilig auswirken« würde, da »er nämlich als ›Alter Kämpfer‹ und demzufolge als völlig unzuverlässig zu gelten habe«. Gemeint ist natürlich Helmut Krausnick.

Sind das die »Nasenstüber« für Mommsen, die Tobias angekündigt hatte? Mommsen sei polemisch, sein Ton anmaßend und verletzend. Es gibt gute SS-Männer, die keine Nazis und glaubwürdig sind; sollten alle Ex-Nazis unglaubwürdig sein, so kämen etliche namhafte Historiker in Schwierigkeiten. Ist da schon eine Drohung versteckt? Einer der Briefentwürfe schließt mit dem Satz: »Die Zukunft wird erweisen, wer sich auf ›drittrangige‹ oder gar auf trübe Quellen verlassen hat, und ob es gefährlicher für mich oder für Sie war, das ›Glatteis der allgemeinen Politik‹ zu betreten«, einer Politik nebenbei, »die ich als ihr kritischer und interessierter Zeuge, sowie leider auch ihr Opfer miterlebte, die

Sie hingegen nur aus Erzählungen und papiernen Unterlagen kennen«.

In einem sehr viel kürzeren Brief an Hans Mommsen, den Tobias tatsächlich abgeschickt hat, berichtete er Mommsen darüber, dass ein »Zufall, diese unberechenbare und unheimliche geschichtsbildende Kraft« es war, die ihn davon abhielt, ihm »eine scharfe und umfangreiche Erwiderung« – die oben zitierte – »zuzustellen. Mir ging nämlich ein Schreiben eines von mir hochverehrten und namhaften Historikers zu, das meinen Groll dämpfte – zugleich meinen ›Kampfeswillen‹, der – so hieß es wörtlich – ›es bewirken könnte, daß (ich) die Eiterbeule aufstechen und historische Märchen als das darstellen (konnte), was sie sind. Ist das nicht ein schöner Erfolg für Sie und eine Lehre für uns Historiker.‹ Wie Sie wissen«, fährt Tobias fort, »bin ich kein Historiker. Ich habe mir auch nie die Bezeichnung ›Amateur-Historiker‹ zugelegt (...) und habe nur eines allen meinen Kritikern voraus: ich habe diesen gesamten Komplex Jahre hindurch in aller Ruhe studiert! Deshalb sehe ich viele Dinge sehr viel schärfer und vor allem politischer. Sie glauben nicht an die ›Schreckreaktion‹ Hitlers .... nun darüber möchte ich nicht mit Ihnen streiten.« Mommsens Satz, dass »von einem kommunistischen Putsch ›nicht die Rede sein konnte, was auch Diels bestätigt‹, ist schlechthin und nachweisbar falsch.« Tobias meint es also nicht nur ernst mit dem abenteuerlichen Gedanken, dass Hitler in einer Schreckreaktion sich zum Diktator aufgeschwungen habe, nein, er ist darüber hinaus der Meinung, dass dies auch berechtigt war, wenn auch der Reichstagsbrand selbst mit einem »kommunistischen Putsch« nichts zu tun hatte.

Einige Zeit nach der Rezension in der *Stuttgarter Zeitung* hatte Mommsen Tobias in Hannover besucht und sei sehr beeindruckt von dessen Materialsammlung gewesen. Da wurde ihm »endgültig klar«, schrieb Mommsen, »daß man es hier nicht mit einem der Fälle historischer Publizistik zu tun hatte, die damals geradezu ein Hindernis der zeitgeschichtlichen Forschung darstellten, sondern um eine ernstzunehmende Untersuchung, die nur in der Form der Annotierung der Zitate und Belege von dem hierzulande üblichen technischen Wissenschaftsverständnis so weit abwich, daß allenthalben der Eindruck – in nahezu allen Fällen unüberprüft – in die Rezensionen und Stellungnahmen einfloß, als sei hier wider die Regeln der historischen Forschung gehandelt worden«. Aber wie, fragt man sich, kann eine »beeindruckende Materialsammlung« a priori das aus der Bearbeitung dieser Sammlung hervorgehende Produkt salvieren? Das ist absurd. Und hatte nicht Hans Mommsen selber scharfe Kritik auch an der Form des Tobias-Buches geübt?

Man wäre zu gerne bei dieser Unterredung in Tobias' Haus in Hannover dabei gewesen, zwischen seinen Regalen voller Bücher, Kisten und Leitz-Ordnern. Einen ähnlichen Sinneswandel wie bei Hans Mommsen haben wir schon bei Helmut Krausnick gesehen. Die Vermutung, Tobias könnte auch Hans Mommsen erpresst haben, ist zwar spekulativ, aber nicht ganz abwegig. Dabei kämen »alte Sünden« wie etwa im Falle des »Alten Kämpfers« Krausnick bei Hans Mommsen jedoch nicht infrage, da Mommsen für eine Täterrolle in der NS-Zeit – wie Hermann Graml vom IfZ – zu jung war. Die Familie Mommsens, eine Historiker-Dynastie, hätte jedoch durchaus Angriffspunkte geboten.

»Die Geschichte der Familie Mommsen«, schreibt der Historiker Stefan Rebenich in seinem Beitrag *Die Mommsens* für das Buch *Deutsche Familien*, »ist die Geschichte des deutschen Bildungsbürgertums«, da sich an ihr »beispielhaft Entstehung, Entfaltung und Niedergang einer gebildeten Elite studieren« lassen. Die Nazi-Diktatur polarisierte die große Familie Mommsen. Es gab einen Historiker, Theodor E. Mommsen, der auswanderte, der Naturwissenschaftler Konrad Mommsen hatte Kontakte zu Widerstandsgruppen, was ihm einige Monate Gefängnis einbrachte und ihn seine Stellung kostete. Andere waren Mitläufer oder beteiligten sich sogar aktiv an Nazi-Verbrechen.

Überstrahlt wird diese Familie von dem Historiker und ersten deutschen Literaturnobelpreisträger Theodor Mommsen, dem es, wie auch seinen Brüdern Tycho und August, im 19. Jahrhundert gelang, aus der norddeutsch-bäuerlichen Tradition auszubrechen. Deren Vater war immerhin schon Landpfarrer im Raum Oldesloe geworden. Ein nicht geringer Teil der aufsteigenden und weitverzweigten Familie – allein Theodor und Marie Mommsen hatten 16 Kinder – waren ebenfalls Historiker; andere Fächer waren die klassische Philologie, Medizin, Jura oder technische und wirtschaftliche Fächer. Ein Vetter von Hans Mommsens Vater, Ernst Wolf Mommsen, studierte Rechtswissenschaft und Volkswirtschaft, war Manager in der Rüstungsbranche, später enger Mitarbeiter Albert Speers im NS-Rüstungsministerium. Nach dem Krieg machte er Karriere in der westdeutschen Stahlindustrie und wurde 1969 vom gerade zum Verteidigungsminister ernannten Helmut Schmidt als Staatssekretär ins Ministerium geholt, wo er seine Erfahrung als effizienter Manager in der Rüstungsbranche einbrachte.

Hans Mommsens Vater Wilhelm, der zu dieser Zeit, als Mommsen das Buch von Tobias in der Historiografie hoffähig machte, noch lebte, war ebenfalls Historiker, hatte 1933 ein Bekenntnis zu Adolf Hitler unterschrieben und war 1940 in die NSDAP eingetreten. Es dürfte demnach für Tobias nicht allzu schwer gewesen sein, kompromittierendes Material zu finden, um Hans Mommsen unter Druck zu setzen. Aber das ist reine Spekulation, wenn auch eine naheliegende. Bekannt ist darüber bisher nichts, allerdings stand für Wilhelm Mommsen nicht mehr allzu viel auf dem Spiel, da er nach dem Krieg wegen seiner Nazi-Nähe seine Professur verlor und seine Söhne Hans, Wolfgang und Karl ihr Geschichtsstudium unter großen materiellen Einschränkungen absolvieren mussten.

Eine bei Lichte besehen wahrscheinlichere Möglichkeit für Tobias, Hans Mommsen für sich zu »gewinnen«, könnte im Lebenslauf eines anderen sehr erfolgreichen Historikers der Familie Mommsen bestanden haben. Dabei handelt es sich um Wolfgang Arthur Mommsen (nicht zu verwechseln mit dem Zwillingsbruder Hans Mommsens, Wolfgang Justin Mommsen). Auch er war Mitglied der NSDAP gewesen, hatte später in der Bundesrepublik eine großartige Karriere hingelegt, war von 1967 bis zu seiner Pensionierung Präsident des Bundesarchivs Koblenz und erhielt anlässlich seines Ruhestandes das Große Bundesverdienstkreuz.

Neben seinem Studium hatte Wolfgang A. Mommsen auch eine Ausbildung als Archivar absolviert. Als Mitarbeiter im Geheimen Staatsarchiv in Berlin-Dahlem wurde er während des Krieges in Lettland, Estland und später in der Sowjetunion eingesetzt, größtenteils um Waggon- und Lkw-weise geraubtes Archivgut nach Deutschland zu verbringen. Mommsen beteiligte »sich auch an der widerrechtlichen Ausfuhr von Kunst- und Kulturgegenständen sowie von Privatvermögen aus dem Baltikum«, schreibt Rebenich. Und: »Mommsen gehörte zu einer kleinen Gruppe hochqualifizierter und wissenschaftlich versierter Beamter, die ihre Spezialkenntnisse für die kulturpolitischen Ziele des Ostministeriums und des ERR [Einsatzstab Reichsleiter Rosenberg, die zentrale, europaweit agierende Organisation der NSDAP für Kunst- und Kulturgutraub] zur Verfügung stellten, systematisch Kulturgutraub betrieben und der Germanisierung des osteuropäischen Raumes zuarbeiteten.« Die Raubzüge des ERR waren verbunden mit der Ermordung der ausgeplünderten Menschen oder deren Verschleppung in Konzentrationslager. Die Historikerin Anja Heuss ergänzt in ihrer Studie *Kunst- und Kulturgutraub*, dass der Kulturgutraub der Nationalsozialisten, der überwiegend von »Experten« durchgeführt wurde, »ein bedrückendes Bild der Geisteswissenschaften jener Zeit« zeichnet. »Kunsthistoriker, Prähistoriker, Archivare und Bibliothekare beteiligten sich gleichermaßen an der kulturellen Ausplünderung der besetzten Länder.« Wolfgang A. Mommsen wurde von der Sowjetunion als Kriegsverbrecher gesucht, zog es nach dem Krieg vor, sich in Bayern »bewußt klein« zu machen und wartete zunächst den »Entnazifizierungsrummel« (Zitate W. A. Mommsen) ab.

Nach dem Krieg machte sich Wolfgang A. Mommsen, immer auf der Höhe der Zeit, um die Sicherung der Akten der Nürnberger Kriegsverbrecherprozesse verdient und überführte diese in das 1952 neu gegründete Bundesarchiv in Koblenz, zu dessen ersten Mitarbeitern er zählte. Als er 1967 zum Direktor des Bundesarchivs aufsteigen sollte, meldete das Berlin Document Center dem US-Außenministerium etwas besorgt, Wolfgang A. Mommsen habe Heinrich Himmler gedient. Man beruhigte sich damit, dass keine antisemitischen Äußerungen von Wolfgang A. Mommsen bekannt seien. In seinem Tagebuch hatte er im März 1942 notiert: »Seit Wochen ist man nun schon dabei, die Juden zu erschiessen«; von den Juden in Riga dürfte »schon nichts mehr da sein«. Und: »Dafür sind jetzt die Juden aus dem Reich dran, die auf der Durchfahrt in den Tod hier einige Tage Schnee schippen dürfen.«

Insbesondere Wolfgang Arthur Mommsen hatte, weitaus mehr als Hans Mommsens Vater Wilhelm, also einiges an leicht entzündbaren braunem Altholz im Keller; Tobias hatte den Schlüssel zu diesem Keller, dem Berlin Document Center, er kannte sich dort gut aus, weil er schon oft in diesem Keller gesucht und zur Erpressung gut geeignetes Material gefunden hatte; und er hatte bisher keine Skrupel gehabt, zu drohen, das Altholz öffentlichkeitswirksam anzuzünden; das Streichholz immer drohend auf der Reibefläche. Sollte es so gewesen sein, hätte Hans Mommsen nicht sich, aber seine Familie und seinen Namen vor Beschädigung zu schützen versucht. Aber: so sehr das alles schlüssig, logisch ist und auch ins Bild passt – bewiesen ist es nicht. Wolfgang A. Mommsen war übrigens der von Tobias »hochverehrte und namhafte Historiker«, der Tobias dazu beglückwünscht hatte, die »Eiterbeule« Reichstagsbrand aufgestochen zu haben.

Sicher angenommen werden kann, dass es einen – nicht sachlichen – Grund gegeben haben muss, dass Mommsen, der Tobias natürlich intellektuell haushoch überlegen war und ihn dies auch merken ließ, plötzlich auf Tobias' Linie einschwenkte, obwohl er dessen Beweisführungen und Schlussfolgerungen kurz zuvor noch verspottet hatte. Für einen solchen nicht-sachlichen Grund spricht auch die ausgesprochen unsouveräne Art, mit der Hans Mommsen später auf die Vorwürfe reagierte, als sie ihn doch noch einholten – sowohl schriftlich als auch mündlich.

2003 erschien eine vom Südwestfunk produzierte Alleintäterthesen-kritische TV-Dokumentation, für die auch Hans Mommsen interviewt wurde. Angesprochen auf seine bereits erwähnte Aktennotiz, die helfen sollte, dem Historiker Hans Schneider den Auftrag, Tobias infrage zu stellen, zu entziehen, erklärte Mommsen (nicht ganz zu Unrecht), dass Krausnick die Verantwortung für die Entbindung Schneiders trage. Das kann die Aktennotiz Mommsens nun aber auch nicht aus der Welt schaffen, zumal Mommsen der Nutznießer dieser Entwicklung war (auch wenn man Mommsen wünschen würde, sich nie auf die Tobias-Geschichte eingelassen zu haben).

Auf die Frage, was denn die Formulierung »aus allgemeinpolitischen Gründen« sei die Publikation von Hans Schneider »unerwünscht« zu bedeuten habe, reagiert Mommsen ärgerlich. »Jetzt haben die diesen einen Halbsatz in einem inoffiziellen Protokoll, zu dem ich sage, da ist nicht mehr dahinter als das. Und ich bin der einzige Zeuge und ich hab den Satz formuliert, aus dem wird bis heute, bis zu Ihnen (gemeint ist die Interviewerin Tina Mendelsohn) ein Popanz aufgebaut, der mich persönlich beleidigt.« Auf die Frage: »Ich versuche nur zu verstehen, was bedeutet das …« fällt Hans Mommsen ihr ins Wort: »Da ist nichts zu verstehen!« Frage: »Was bedeutet das, allgemeinpolitische Gründe?« Mommsen wird nun laut, brüllt fast in die Kamera: »Ich weiß es nicht! Ich hab vor vierzig Jahren da neben anderen … steht da der Satz: ›es scheint‹, steht da, ›aus allgemeinpolitischen Erwägungen.‹ Was wollen Sie denn damit heute noch anfangen?« Ein bemitleidenswerter Auftritt Mommsens, der seine Hilflosigkeit in dieser Frage, nämlich der, dass er quasi über Nacht eine vollkommen veränderte Haltung zum Reichstagsbrandproblem eingenommen hatte, deutlich werden lässt.

In seinem Beitrag für das weiter oben bereits genannte Buch der Alleintäterthesen-Vertreter beklagt sich Mommsen darüber, dass, als er 1962 die Rezension in der *Stuttgarter Zeitung* schrieb, er nicht ahnte, dass er sich damit »eine Kontroverse einhandelte, die meinen weiteren wissenschaftlichen Lebensweg kontinuierlich begleiten würde, ohne daß sich daraus ein stufenweise zu neuen Erkenntnissen führender Lernprozeß ergeben hätte«. Allerdings kann man Mommsen den Vorwurf nicht ersparen, sich tatsächlichen möglichen Lernprozessen verweigert zu haben. Als er 2014, anderthalb Jahre vor seinem Tod, vom Autor dieses Buches im Auftrag des Berliner *Tagesspiegel* nach seiner Meinung zu einem soeben in den USA erschienenen, extrem gründlich recherchierten Buch des New Yorker Historikers Benjamin Carter Hett (*Burning the Reichstag*) befragt wurde, hatte er dafür ganze 27 Worte übrig: »Mit anderen Sachkennern bin ich der Meinung, dass das Buch von Hett über den Reichstagsbrand kein neues und sachlich vertretbares Argument enthält und somit eigentlich überflüssig ist.« Einer dieser genannten Sachkenner ist der britische Historiker Richard Evans, der das erwähnte Buch von Benjamin Carter Hett zu verhindern versuchte und auf den wir noch im Schlusskapitel zurückkommen werden.

Es war das Zusammenspiel von Fritz Tobias, dem *SPIEGEL* und Hans Mommsen, d. h. dem Institut für Zeitgeschichte, das ein bis heute immer noch relativ feststehendes Dogma geschaffen hat – auch wenn es in den Jahrzehnten seither, vorsichtig ausgedrückt, einige Risse bekommen hat. Tobias' *SPIEGEL*-Serie und sein Buch, aber vor allem dessen Würdigung durch Hans Mommsen haben einen Fels in die geschichtswissenschaftliche Landschaft gestellt, der zu einem unguten und Jahrzehnte währenden erbitterten Streit führen sollte. Ein Streit, der von Anfang an vergiftet war und bis heute, wenn auch zeitweise auf Sparflamme, anhält.

Die genaue Beschreibung dieser Kontroverse würde ein weiteres Buch füllen; tatsächlich gibt es dieses Buch sogar.[11] Die wichtigsten Stationen dieser Auseinandersetzung sind bereits erwähnt worden oder werden noch im Schlusskapitel beschrieben. Im Wesentlichen handelt es sich um die Bücher des sogenannten Luxemburger Komitees, zwei Artikel-Serien in der *ZEIT*, die sich mit diesen Büchern auseinandersetzen, eine größere Anzahl von *SPIEGEL*-Artikeln, die schon erwähnte im Piper-Verlag erschienene weitere »Abrechnung« mit den Luxemburgern, eine Neuauflage der Bücher des Luxemburger Komitees, zwei in der DDR erschienene Dokumentationsbände, die Bücher von Alexander Bahar und Wilfried Kugel, schließlich der schmale Band von Kellerhoff 2008 und 2016 die deutsche Ausgabe von *Burning the Reichstag* (*Der Reichstagsbrand. Wiederaufnahme eines Verfahrens*), ferner ungezählte Artikel in Publikums- und Fachzeitschriften, wobei die Arbeiten von Hersch Fischler hervorzuheben sind, weil es ohne seine Forschungen noch länger unbekannt geblieben wäre, dass Fritz Tobias das IfZ erpresste und wie Hans Mommsen den Historiker Hans Schneider aus dem IfZ kegelte.

Diese Jahrzehnte währende Auseinandersetzung soll hier nicht im Einzelnen darlegt werden, auch deshalb, weil die Debatte zu großen Teilen geprägt war von »bewusste(r) Boshaftigkeit und sinnlose(r) Unaufrichtigkeit«, wie Benjamin Carter Hett es in seinem Buch formulierte. Der Rückblick auf diese elenden Streitereien führt zu nichts.[12]

Die Debatte um den Reichstagsbrand hatte von Beginn an einen unangenehmen, unduldsamen Grundton, den 1959 im *SPIEGEL* Fritz Tobias (und Rudolf Augstein: »Über den Reichstagsbrand wird nicht mehr gestritten werden.«) angeschlagen hatte, der ab Ende der Sechzigerjahre in der *ZEIT* durch den Autor Karl-Heinz Janßen gang und gäbe wurde, nachdem die *ZEIT* sich in den frühen Sechzigerjahren mit dem Abdruck einer Anti-Tobias-Serie von Hans-Bernd Gisevius eine Menge Ärger eingehandelt hatte, und der Ton setzte sich in anderen Publikationen im Grunde bis heute fort. Tobias hat diese Debatte immer wieder mit unduldsamen Artikeln und Aufsätzen befeuert; seine Jünger stehen ihm da in nichts nach.

Das Absurde an dieser Debatte war all die Jahre, dass die Gegner der Alleintäterthese eine These zu widerlegen hatten, die nie belegt worden war, denn es gibt schlichtweg keine Beweisführung, wie Marinus van der Lubbe allein und ohne Hilfsmittel in sehr wenigen Minuten den Plenarsaal des Reichstags in ein flammendes Inferno verwandeln konnte. Auch die »Lösung« des Problems, die Kellerhoff in die Diskussion eingebracht hat, ist keine, wie der frühere Berliner Landesbranddirektor Albrecht Broemme dargelegt hat. Man fragt sich heute, wie eine naturwissenschaftlich unhaltbare und auch in historiografischer Hinsicht unbelegte These, ausgehend von Tobias und seinem Fürsprecher Hans Mommsen, es schaffen konnte, die Geschichtsschreibung dieses für die endgültige Eroberung der absoluten Macht durch die Nazis zentralen Vorgangs über Jahrzehnte zu dominieren.

Resümee

Nie hatte ich vor, ein Buch über den Reichstagsbrand zu schreiben, ist doch die Menge der Bücher über dieses so eminent folgenreiche politische Verbrechen schon jetzt kaum noch überschaubar. Wieder und wieder beschreiben viele dieser Bücher den Brand des Reichstages als das Werk des allein handelnden Marinus van der Lubbe; andere Bücher hielten und halten tapfer dagegen. Ähnlich verhält es sich mit Hitler-Biografien und Büchern über die NS-Zeit, bei denen das Thema Reichstagsbrand berührt wird.

Seit ich vor über einem Vierteljahrhundert auf dieses Thema gestoßen bin, hat es mich nicht mehr losgelassen. In meiner 2001 erschienenen Sebastian-Haffner-Biografie habe ich geschrieben: »Aus heutiger Sicht bedürfte es einer geradezu übermenschlichen Herkulesanstrengung, die Geschichte des Reichstagsbrands sowie der mit ihr verbundenen falschen Fährten, Schludrigkeiten, Beweisunterdrückungen und mutwilligen Fehldeutungen zu rekonstruieren.« Seither haben sich mehrere Autoren dieser Herkulesaufgabe gestellt: Alexander Bahar und Winfried Kugel (*Der Reichstagsbrand. Wie Geschichte gemacht wird,* 2000 und überarbeitet *Der Reichstagsbrand. Geschichte einer Provokation,* 2013), Marcus Giebeler (*Die Kontroverse um den Reichstagsbrand,* 2010) und Benjamin Carter Hett (*Der Reichstagsbrand. Wiederaufnahme eines Verfahrens,* 2016).

Die unterschiedliche Herangehensweise dieser drei Bücher ist ein echter Glücksfall. Während Bahar und Kugel, in der Tradition des Luxemburger Komitees stehend, unendlich vielen Spuren nachgehen oder sie zumindest erwähnen, machen sie deutlich, wie viele Umstände auf die Nazi-Täterschaft hindeuten. Die beiden Autoren gehörten zu den ersten, die die über Jahrzehnte nicht zugänglichen Akten, die nach dem Krieg von der Sowjetunion nach Moskau verbracht worden waren, ausgewertet hatten. (Man fragt sich, aber das nur nebenbei, was die Sowjetunion mit den Akten vorhatte, als man sie aus Leipzig abholte? Geschehen ist damit – nichts.) Vor Bahar und Kugel hatte nur der Soziologe Hersch Fischler diese Bestände systematisch untersucht, hat aber nie ein Buch zu dem Thema veröffentlicht. Er hat, wie bereits erwähnt, in wichtigen Beiträgen in Zeitungen und Zeitschriften neue Fakten bekannt gemacht.

Marcus Giebeler hat sich ausschließlich mit der wissenschaftlichen und – in diesem Fall untrennbar damit verbunden – publizistischen Kontroverse um den Reichstagsbrand beschäftigt, ohne eigene Recherchen betreffend die Tat und die Täter anzustellen. Er gibt einen sehr guten, ausgesprochen lesbaren und fairen Überblick über den Verlauf der Kontroverse. Er tendiert dazu, von einer Tatbeteiligung der Nazis auszugehen, stellt dies jedoch nicht in den Mittelpunkt seiner Arbeit.

Benjamin Carter Hetts Beweisführung ist nicht die der kriminalistischen Untersuchung, sondern vielmehr logischer Art. Nachdem er den größten Teil der vorhandenen Literatur gelesen hatte, durchforstete er zwei Dutzend Archive in vier verschiedenen Ländern und konzentrierte sich vornehmlich auf Quellen aus der Zeit vor der Reichstagsbrandkontroverse, deren Integrität nicht infrage gestellt werden kann. Dann beschäftigte er sich mit der Person Fritz Tobias und dessen Rolle bei der Entnazifizierung belasteter Alt-Nazis. An den alten Gefechten der Reichstagsbrandkontroverse ist er nicht interessiert. Ihm vorzuwerfen, er sei ein Verteidiger der *Braunbücher*, wie es der Rezensent Richard Evans getan hat, ist absurd.

Das hier vorliegende Buch würde es ohne diese drei verdienstvollen Arbeiten mit Sicherheit nicht geben. Sollte das Reichstagsbrandproblem in der Öffentlichkeit demnächst wieder als eine offene und neu zu diskutierende Frage wahrgenommen werden, wäre es das Verdienst dieser Autoren – und der Arbeiten des Soziologen Hersch Fischler, der unter anderem die in früheren Kapiteln beschriebenen Vorgänge im Institut für Zeitgeschichte öffentlich gemacht hat.

Je länger ich über das ungelöste Problem des Reichstagsbrandes nachdachte, desto mehr wurde für mich die Frage zum alles entscheidenden Punkt, ob Marinus van der Lubbe kreuz und quer durch das Parlamentsgebäude laufen, hier und da wahllos kleinere Feuer legen *und dann noch*, und das ist das Wichtigste, *am Ende seines Laufs*, ein Großfeuer entfachen konnte, das innerhalb weniger Minuten zu einer Explosion im Plenarsaal führte. Die Frage also, wie ausgerechnet in dem Moment plötzlich ein Riesenfeuer ausbrechen konnte, als van der Lubbe nicht einmal mehr über jene Kohlenanzünder verfügte, die schon in den Gängen und im Restaurant kaum nennenswerte Feuer erzeugt hatten. Kurz: Es muss eine Erklärung dafür geben, wie der riesige Plenarsaal in so kurzer Zeit ein Raub der Flammen werden konnte.

Die einzige Erklärung ist, dass van der Lubbe auf irgendeine Art und Weise Helfer gehabt haben muss, die den Brand vorbereitet oder ihn selbst gelegt haben. Diese »Helfer« sind geflohen, aber nicht ohne vorher dafür gesorgt zu haben, dass Marinus van der Lubbe in flagranti ertappt wird, um ihn der Welt als Teil einer »bolschewistischen Terroristenbande« zu präsentieren. Wir haben gesehen, dass van der Lubbe im Prozess unter Drogen gesetzt, also im Grunde nicht verhandlungs- und zurechnungsfähig war, und recht bald als gefährlicher Mitwisser eines Verbrechens, zugleich als Opfer einer üblen Intrige, »legal« beseitigt wurde – mithilfe des Scharfrichters der Leipziger Justiz. Hätte van der Lubbe allein gehandelt, gäbe es keinen Grund, ihn von der Verhandlung auszuschließen, indem man ihn vergiftete. Wegen des hilflosen Eindrucks, den van der Lubbe während der Verhandlung machte, wurde und wird er nicht selten als »Schwachsinniger« dargestellt.

Zeitungsbeiträge verschiedener Autoren in den letzten Jahren, auch von mir, blieben weitgehend unbeachtet. Mein Vorschlag im Berliner *Tagesspiegel* aus dem Jahre 2013, der Bundestag möge sich als Besitzer der Immobilie Reichstag, zugleich Geschädigter und als Volksvertretung in einem Untersuchungsausschuss mit dem Komplex befassen, wurde von dem damaligen Bundestagspräsidenten Norbert Lammert – der das Buch Sven Felix Kellerhoffs mit der unzutreffenden Backdraft-Theorie protegiert hatte – fast spöttisch zurückgewiesen. Im Deutschlandradio Kultur sagte er, es sei eher kurios als zielführend, wenn der Bundestag als »politisches Organ sich selbst an die Spitze eines Aufklärungsinteresses setzt, das er selber gar nicht leisten kann, um dann am Ende – was denn bitte schön? – über verschiedene vorgeschlagene Alternativen per Mehrheit zu entscheiden«.

Ein Bundestagspräsident sollte aber wissen, dass ein Untersuchungsausschuss des Bundestages ein Gremium mit gerichtlicher Autorität darstellt, das Zeugen vorladen und vereidigen kann und statt eines Urteils einen abschließenden Bericht erarbeitet, wobei aber auch klar ist, dass aufgrund der Jahrzehnte, die seit dem Brand und den Veröffentlichungen von Fritz Tobias vergangen sind, es kaum noch Zeugen gibt, die vorgeladen werden könnten.

Meine damalige Absicht war jedoch, eine neue Instanz für die wissenschaftliche Klärung einer historisch bedeutsamen Frage ins Spiel zu bringen, da weder das Institut für Zeitgeschichte, noch der *SPIEGEL* oder andere historisch arbeitende Institutionen dazu bereit schienen, sich um eine Aufklärung des Rätsels um den Reichstagsbrand zu bemühen – oder nicht die dafür notwendige Akzeptanz besitzen. Immerhin wurde mein Vorschlag umgesetzt, den Nachlass von Fritz Tobias zu sichern und im Bundesarchiv der Forschung zugänglich zu machen, was zu vielen neuen Erkenntnissen geführt hat.

Das Thema war und ist vergiftet. Die vollkommen unhaltbare Einzeltäterthese hat seit Jahrzehnten trotz vieler guter Einwände und grundstürzender Forschungsergebnisse noch immer Oberhand. Diese Bastion war und ist uneinnehmbar, so scheint es jedenfalls.

Nicht viel besser als mir mit meinen Artikeln im *Tagesspiegel* und der *Frankfurter Allgemeinen Sonntagszeitung* erging es den Büchern von Alexander Bahar und Wilfried Kugel, Benjamin Carter Hett, Marcus Giebeler oder den Artikeln von Hersch Fischler unter anderem in den *Vierteljahresheften für Zeitgeschichte*.

Das Buch von Alexander Bahar und Wilfried Kugel wurde immerhin noch bekämpft. In der *Frankfurter Allgemeinen Zeitung* zerriss der bereits im erwähnten Piper-Sammelband als Verteidiger der Einzeltäterthese aufgetretene Berliner FU-Professor Henning Köhler das Buch unter der Überschrift »Bis sich die Balken biegen«, Untertitel: »Ein gescheiterter Versuch, die Schuld der Nationalsozialisten am Reichstagsbrand nachzuweisen«. Auch Köhler meidet das wichtigste Gebiet des Streits: die Gutachten zur Brandentwicklung.

Die Resonanz auf das Buch von Benjamin Carter Hett war ebenfalls schwach. Einer der zentralen Punkte in Hetts Argumentation, der Skandal um die Erpressung des Direktors des Instituts für Zeitgeschichte, wurde in einer Rezension komplett unterschlagen. Das Buch von Marcus Giebeler, in einem kleinen Wissenschaftsverlag erschienen, fand in der Öffentlichkeit natürlich keinerlei Resonanz.

Die Allianz von *SPIEGEL*, Institut für Zeitgeschichte und zuletzt ergänzt durch den leitenden Redakteur für Geschichte im Verlagshaus Axel Springer, Sven Felix Kellerhoff, schien übermächtig, obwohl es, wie wir gesehen haben, kaum belastbare Argumente für die Alleintäterthese gibt. Die »revolutionäre Neuerung« durch Kellerhoff, nach der es eine vollkommen logische und jedem einsichtige Erklärung für die explosionsartige Ausbreitung des Feuers gebe, fand Eingang in die wissenschaftliche Literatur, obwohl es unmöglich ist, dass der Großbrand im Plenarsaal durch eine Rauchgasexplosion zu erklären ist, wie wir in einem früheren Kapitel gesehen haben.

Letzter Anstoß, mir doch Gedanken über ein weiteres Buch zum Reichstagsbrand zu machen, war der bereits erwähnte Beitrag von Richard Evans mit dem Titel »Wer zündete den Reichstag an?« in seinem Buch über *Das Dritte Reich und seine Verschwörungstheorien* aus dem Jahr 2021. Dieser Beitrag gibt – teilweise wortgleich – den bereits von Tobias, Mommsen und Kellerhoff bekannten Inhalt wieder und ist darüber hinaus mit etlichen Fehlern gespickt, die man bei einem angesehenen Historiker nicht für möglich hielte; so verweist er auf einen Artikel von Sven Felix Kellerhoff im *SPIEGEL*, den es nicht gibt.

Tatsächlich gab es 2008 im *SPIEGEL* eine längere Rezension des Historikers und Verlegers Ernst Piper über Kellerhoffs Buch. Darin heißt es: »Einen sorgfältigen und abschließenden Überblick über die Causa Reichstagsbrand gibt das kürzlich erschienene Buch von Sven Felix Kellerhoff«. Piper kommt auch auf Kellerhoffs Backdraft-Theorie zu sprechen: »Ein Argument gegen die Alleintäterthese war lange Zeit die explosionsartige Ausweitung des Feuers gewesen, die ein einzelner nicht habe bewerkstelligen können. Kellerhoff bietet auch dafür eine präzise pyrotechnische Erklärung, den ›Backdraft‹, der bei Bränden in geschlossenen Räumen entsteht.« Der Kampf gegen die Alleintäterthese sei heute im Bereich des Obskurantismus angekommen, schließt Piper.

Evans hat nun in seinem Beitrag für das Buch *Das Dritte Reich und seine Verschwörungstheorien* diese Sichtweise übernommen. Sein Aufsatz enthält einige Fehler und falsche Behauptungen – beispielsweise macht er Ernst Oberfohren zu einem NSDAP-Mitglied;[13] der *Vorwärts* wurde laut Evans 1933 in der KPD-Zentrale gedruckt; im brennenden Reichstag wurden Polizisten im Restaurant von einer »Feuerwand« (»wall of flame«) aufgehalten; es seien im Reichstagsgebäude keine Spuren entzündlicher Flüssigkeiten gefunden worden – all dies falsche oder irrtümliche Behauptungen, die daran zweifeln lassen, dass Evans sich aus eigener Kenntnis des Sachverhalts äußert; wohl eher tut er dies auf der Grundlage anderer Historiker wie Mommsen und Kellerhoff. Das Problem dabei aber ist, dass sich Historiker seit den frühen Sechzigerjahren bis heute zu einem Brandgeschehen äußern, ohne die tatsächlichen Begebenheiten und zeitgenössischen Quellen zu beachten. Stattdessen berufen sie sich auf die immer gleichen Erkenntnisse von Fritz Tobias, ohne sie selbst wissenschaftlich überprüft zu haben. Ihnen reicht der Aufsatz Hans Mommsens aus dem Jahr 1964.

Irritierend ist auch der Zusammenhang, in den Evans die »Reichstagsbrand-Verschwörungstheorie« stellt. Der erste von fünf Beiträgen in seinem Buch befasst sich mit den Protokollen der Weisen von Zion, der letzte mit Behauptungen,

Hitler habe das Ende des Zweiten Weltkriegs überlebt und sei im letzten Moment aus der Reichskanzlei geflohen. Einwände gegen die Alleintäterthese betreffend den Reichstagsbrand mit solch absurden Theorien auf eine Ebene zu stellen, kann man kaum anders als beleidigend in Bezug auf all jene nennen, die berechtigte und wissenschaftlich fundierte Zweifel an der Alleintäterthese äußern. Schon diese Haltung nervt – und provoziert.

Was ist in den letzten Jahren nicht alles probiert worden? Man müsste es, sagte ich mir, auf einem anderen Weg versuchen, die Legende vom Alleintäter Marinus van der Lubbe öffentlich infrage zu stellen. Immerhin geht es um unsere verdammte Pflicht als Deutsche, die darin besteht, uns selbst und anderen zu erklären, wie es den Nazis gelang, die andere Hälfte des Volkes – den Teil, der die Nazis ablehnte – in die Knie zu zwingen, um dann die größten Verbrechen in der Geschichte der Menschheit zu begehen: der Versuch der Unterwerfung Europas, der Versuch der Vernichtung der europäischen Juden und, uns heute immer noch viel zu wenig bewusst, der Versuch der Vernichtung der Sowjetunion, die etwa die Hälfte aller Kriegsopfer zu beklagen hatte, etwa 20.000 Tote am Tag, und das über vier Jahre lang. Wir verdrängen diese Tatsache nur allzu gern. Schnell wurden »die Russen« nach dem Krieg zu »vergewaltigenden Untermenschen«, obwohl wir hauptsächlich ihnen die Befreiung von der Nazi-Diktatur verdanken.

Aber kommen wir zum Reichstagsbrand zurück, dem Ereignis, das den Nazis, kurz nachdem Adolf Hitler zum Reichskanzler ernannt worden war, freie Hand gab, mit all ihren Feinden gründlich aufzuräumen; dem Ereignis, das so gut vorbereitet erscheint – SA, SS und Stahlhelm kurz vor dem Brand zur »Hilfspolizei« ernannt, der Polizeiapparat von

»marxistischen Elementen« gesäubert (gemeint sind SPD-nahe und andere republikanisch gesinnte Beamte) –; dem Ereignis, das alle Handlungsmöglichkeiten jedweder Opposition, und sei sie noch so harmlos, zunichtemachte; dem zentralen Ereignis bei der Errichtung der Nazi-Diktatur.

Wir haben gesehen, dass Marinus van der Lubbe kaum das nach seiner Aussage »mannshohe«, tatsächlich aber etwa acht Meter hohe Gesims erklettern konnte, dass er die acht Millimeter dicken Doppelscheiben einer Balkontür des Reichstages nicht *eingetreten* haben kann, da ein Zeuge beobachtet hatte, dass sie mit einem Werkzeug (Hammer oder Axt) *eingeschlagen* wurden, und wir haben gesehen, dass Marinus van der Lubbe in extrem kurzer Zeit ein Großfeuer im Plenarsaal des Reichstages entfacht haben soll, lediglich mit seiner brennenden Kleidung, ohne jedes weitere Hilfsmittel. Das ist absurd.

Wir haben ferner gesehen, dass der Erfinder der Alleintäterthese, der niedersächsische Verfassungsschutzmitarbeiter Fritz Tobias, seiner These mit, vorsichtig ausgedrückt, unlauteren Mitteln zur Durchsetzung verhalf, indem er den Direktor des Instituts für Zeitgeschichte, Helmut Krausnick, mit seiner »dienstlich« erlangten Kenntnis von dessen, Krausnicks, temporärer Mitgliedschaft in der NSDAP erpresst hatte.

So kam es zu der wissenschaftlich gewandeten Heiligsprechung der Tobias-These, ausgesprochen von einem Historiker, Hans Mommsen, der nur kurze Zeit vorher sich noch ganz anders – extrem kritisch – zu Tobias' Buch geäußert hatte. Bis heute ist noch keine Erklärung für diesen Sinneswandel gefunden worden, aber der Gedanke, dass Tobias auch dabei etwas nachgeholfen haben könnte, liegt nahe.

Tobias' Antrieb, all dieses zu tun, war die Erkenntnis, mit seinen Forschungen den »ewigen Quell kommunistischer

Propaganda« verstopfen zu können. Er wollte etwas bewirken, ein Ziel erreichen. Mit Wissenschaft hat das nichts zu tun. Wissenschaft ist ergebnisoffen, oder sie ist keine.

Wir haben auch gesehen, dass Tobias mit Polizisten unter einer Decke steckte, die mit einer NS-Vergangenheit belastet waren, sowie auch mit SA-Leuten, wie (z. B. mit Hans Georg »Pistolen-Heini« Gewehr, über den der zuverlässig schwankende erste Gestapo-Chef Rudolf Diels – mal beschuldigte er die Nazis, den Reichstag angezündet zu haben, dann wieder nicht – 1946 in einem Brief an die britische Delegation beim Nürnberger Internationalen Militärgerichtshof schrieb, er, Diels, halte den ehemaligen SA-Führer Hans Georg Gewehr für den Haupttäter bei der Reichstagsbrandstiftung und bitte darum, ihn zu vernehmen. Es ginge schließlich um die »Aufklärung dieses ersten Verbrechens der National-Sozialisten«. Diesen Brief hatte Fritz Tobias gemeinsam mit Adolf von Thadden aus dem Nachlass von Rudolf Diels »sichergestellt« und ihn nie publiziert, mit anderen Worten: unterdrückt.

Noch kurz vor seinem Tod brachte Tobias eine überarbeitete Fassung seiner Artikel-Serie von 1959 im *SPIEGEL* auf den Weg. Sie erschien kurz nach seinem Tod 2011 im rechtsradikalen Grabert-Verlag. Man muss ganz ernsthaft die Frage stellen, wie die offizielle (bundes-)deutsche Zeitgeschichtsschreibung diesem »Historiker« folgen oder, um es etwas umgangssprachlicher auszudrücken, auf den Leim gehen konnte – und warum dieser eigenartige Zustand bis heute nicht beendet wurde. Vollends absurd wird es, wenn der Widerstand von Historikern wie Golo Mann oder Walter Hofer damit erklärt wird, viele gestandene Historiker könnten sich nicht damit abfinden, dass ein Nicht-Historiker die Zunft blamiert habe; noch absurder wird es, wenn ganz allgemein der Widerstand gegen die Alleintäterthese als das Werk von

»Verschwörungstheoretikern« (Evans) und »Obskuranten« (Ernst Piper im *SPIEGEL*) abqualifiziert wird.

Man kann die diesem Buch vorangestellte Aussage des römischen Geschichtsschreibers Tacitus auch auf die Durchsetzung der Alleintäterthese übertragen, in dem Sinne, dass es mit einer wissenschaftlichen These, die erst mit Erpressung im Wissenschaftsbetrieb durchgesetzt werden musste, nicht allzu weit her sein kann.

Wir haben es demnach zum einen mit einem Medienskandal zu tun: Hiermit ist die Rolle des *SPIEGEL* gemeint, der der These von Fritz Tobias als Erster zum Durchbruch verhalf und sich dafür verbürgte, alles sorgfältig geprüft zu haben. Zum anderen handelt es sich dabei auch um einen Wissenschaftsskandal allererster Güte. Zwar reklamierte das Institut für Zeitgeschichte vor Jahren für sich, es sei kein Notariat für historische Forschungsergebnisse; tatsächlich hatte es sich aber 1964 genau so verhalten, indem es die These von Fritz Tobias – in geduckter Haltung, verursacht von dessen Drohungen – anerkannte. Man wartet seit Jahren vergeblich darauf, dass dieses Institut, immerhin ins Leben gerufen, um die NS-Zeit (und damit auch den Reichstagsbrand) zu erforschen, sich von der Anerkennung der Tobias-Thesen distanziert, ja, man möchte fast sagen: diese widerruft und zu einer neuen Debatte über den Reichstagsbrand einlädt. Wer sonst sollte das tun? Dies ist nichts weiter als eine Aufforderung an eine aus Steuergeldern finanzierte Institution, sich endlich um weit zurückliegende eigene Fehler und Versäumnisse zu kümmern und eine neue Runde in dem bisher als gescheitert anzusehenden Versuch der Wahrheitsfindung einzuläuten. Sich von Mommsens *Verhalten* zu distanzieren, wie es das IfZ 2001 unter dem Eindruck der Forschungsergebnisse Hersch Fischlers getan hat, ist einfach.[14] Es ist auch etwas billig, bedenkt man, dass die Leitung des Instituts hinter Mommsen stand; sich aber auch von dem *Inhalt* des Mommsen-Beitrages zu distanzieren, ist bisher ausgeblieben.

Im Februar 2020 schickte ich dem derzeitigen Direktor des Instituts für Zeitgeschichte, Prof. Dr. Andreas Wirsching, einen meiner *Tagesspiegel*-Artikel zum Reichstagsbrand und äußerte die Auffassung, »dass das IfZ hier als Institution in der Bringschuld ist, diesen Sündenfall aus den Sechzigerjahren irgendwie doch noch zu heilen«. Prof. Dr. Andreas Wirsching antwortete prompt und führte aus, dass die Debatte um den Reichstagsbrand »seit Langem Gegenstand kontroverser Forschung« sei, »und die jeweiligen Positionen« klar formuliert seien. »Auch das Institut für Zeitgeschichte war, wie Sie in Ihrem Artikel ja ausführen, in den 1960er-Jahren an dieser Kontroverse beteiligt, auch wenn hinzugefügt werden muss, dass es ›das‹ Institut nicht gibt, wenn es um Forschungsmeinungen und -interpretationen geht. Innerhalb des IfZ herrscht Forschungspluralismus, und es koexistieren unter seinen Mitarbeiterinnen und Mitarbeitern durchaus unterschiedliche Haltungen zu wichtigen Themen der Zeitgeschichte.« Und weiter: »Auch der Aufsatz von Hans Mommsen aus Heft 4/1964 der *Vierteljahrshefte für Zeitgeschichte* ist in diesem Sinne längst selbst zu einem Zeitdokument geworden, der einen Teil dieser Debatte mit all ihren Irrungen und Wirrungen widerspiegelt. Im Institut für Zeitgeschichte ist man sich der Rolle in dieser Kontroverse bewusst und hat dies mehrfach, zuletzt im Jahr 2001 und ebenfalls in den *Vierteljahresheften für Zeitgeschichte*, deutlich artikuliert.« Die E-Mail schließt mit den Worten, dass es »einer wie auch immer gearteten ›Heilung‹ durch das Institut für Zeitgeschichte« dabei sicher nicht bedürfe.

In einer Antwort schrieb ich, dass es bei »dem Versuch, Geschehenes zu erforschen und abzubilden«, grundsätzlich »keine zwei Wahrheiten geben« könne. »Es kann nur vorkommen, dass sich Vorkommnisse nicht mehr eindeutig erkennen lassen, wie es ja auch im Falle des Reichstagsbrands der Fall zu sein scheint«, doch habe »das IfZ« »vor 58 Jahren in einer ungeklärten und möglicherweise unklärbaren Angelegenheit Stellung bezogen. Diese Stellungnahme hatte weitreichende Folgen für die deutsche und auch für die internationale Geschichtsschreibung – bis heute.«

Ich wies darauf hin, dass die damaligen Umstände mit »Forschungspluralismus« unbestreitbar wenig zu tun hatten. »Die Parteinahme pro Tobias ist damit weder aus der Welt noch aus der Geschichtsschreibung.« Und genau dies sei der zu behebende Schaden.

Eine Antwort erhielt ich nicht. Im August 2022 ergänzte ich meine E-Mail dahingehend, dass ich zum einen auf die Diskrepanz zwischen Hans Mommsens Artikel in der *Stuttgarter Zeitung* 1962 und seinem Aufsatz in den *Vierteljahresheften für Zeitgeschichte* hinwies, zum anderen auf die verheerende Wirkung dieses Aufsatzes Mommsens für die deutsche und auch internationale Geschichtsschreibung, und stellte die Frage, ob es nunmehr nicht »an der Zeit wäre, sich in aller Form nicht nur vom damaligen *Verhalten* zumindest Mommsens zu distanzieren (wie geschehen), sondern auch vom *Inhalt* des Mommsen-Aufsatzes von 1964?« Zwar habe sich das IfZ 2001 vom Verhalten Mommsens distanziert (»unter wissenschaftlichen Gesichtspunkten völlig inakzeptabel«), doch müsste nicht diese Kritik auf die damalige Leitung des IfZ ausgeweitet werden, »da Hans Mommsen schließlich nicht ›auf eigene Rechnung‹ gehandelt hatte und das IfZ tatsächlich Hans Schneider von der vereinbarten Aufgabe (›Erschütterung der Tobias-Thesen‹) entbunden hatte?« Eine befriedigende Antwort auf meine Einwände und Fragen erhielt ich vom IfZ bis zur Abgabe des Manuskripts dieses Buches nicht.[15]

Etwas anders liegt der Fall beim *SPIEGEL*. Hier hat ein Medium, ein privatwirtschaftliches Unternehmen, sich die Rolle angemaßt und sich dessen gerühmt, in die Geschichtsschreibung über den Nationalsozialismus eingegriffen zu haben. Natürlich: *Presse* darf das. Aber mit *Wissenschaft* hat das nichts zu tun, schon deshalb, weil die etwas vorlaute Ankündigung Rudolf Augsteins aus dem Jahre 1959, über den Reichstagsbrand würde nach Tobias' Artikelserie im *SPIEGEL* »nicht mehr gestritten« werden, es in gewisser Weise zur wirtschaftlichen Notwendigkeit macht, dieses einmal gefällte Urteil um alles in der Welt aufrechtzuerhalten, wie dies über Jahrzehnte ja auch in etlichen Artikeln im *SPIEGEL* geschehen ist. Nach Abschluss der Serie stellte Augstein fest: »Man wird dem Amateur-Forscher Fritz Tobias gratulieren dürfen. Er kann einen Volltreffer im Felde der Fachwissenschaft buchen.«

Der Journalist Peter Merseburger schreibt in seiner Rudolf-Augstein-Biografie: »Wahrscheinlich zählt die Reichstagsbrand-Serie zu den größten journalistischen Erfolgen des *SPIEGEL* überhaupt, sie festigte seinen und seines Herausgebers Ruf, wenn nötig auch geheiligte Tabus rücksichtslos und radikal zu hinterfragen.« Merseburger, der von der Alleintäterthese überzeugt zu sein scheint, räumt aber ein, dass Augstein mit seinem Satz, es bleibe nach der Tobias-Serie »nicht der Schatten eines Beleges, um den Glauben an die Mittäterschaft der Nazi-Führer lebendig zu erhalten«, den Streit mit solcher Absolutheit »erst richtig angeheizt« habe.

Wie der *SPIEGEL* (Eigenwerbung: »Seit 1947 keine Angst vor der Wahrheit«) mit Kritikern der Alleintäterthese umgeht, ist bereits an verschiedenen Punkten in diesem Buch beschrieben worden, etwa im Zusammenhang mit der 2019 entdeckten eidesstattlichen Versicherung des ehemaligen SA-Mannes Lennings. Interessant ist aber auch, was man als *SPIEGEL*-Leser nicht erfährt, so zum Beispiel, mit welchen Methoden – Drohung und Erpressung – Fritz Tobias seine »historische Wahrheit« durchsetzte. Wenn sich der *SPIEGEL* in einer so bedeutenden historischen Streitfrage auf einen Autor verlassen haben sollte, der die Tatsachen so offensichtlich verdreht, ist das alles andere als eine Petitesse.

Man sollte meinen, dass hier nur schonungslose Aufklärung helfen könnte, zumal der Tobias-Artikel, der die Alleintäterthese in die Welt gesetzt hatte, vor mehr als 60 Jahren erschienen ist. Der *SPIEGEL* scheint daran jedoch kein Interesse zu haben. Den zuständigen Redakteur zu einem Umdenken bewegen zu wollen, mag etwas naiv gewesen sein. 2015 bot ich dem Magazin einen längeren Artikel zum Thema an, mit dem es sich auf halbwegs neutralen Boden hätte begeben und vielleicht eine überfällige und interessante Debatte hätte anstoßen können. Es war der Versuch, dem *SPIEGEL* einen Ausweg anzubieten, um aus der Alleintäter-Sackgasse herauszukommen. Daraus wurde nichts.

In der Debatte um den Reichstagsbrand geistert seit Jahrzehnten der eigenartige Begriff des »negativen« und des »positiven Beweises« herum. Soll heißen: Kann die Alleintäterthese widerlegt werden? Das ist der negative Beweis. Kann eine alternative Theorie, wie der Brand vonstattengegangen sein könnte, bewiesen werden? Das wäre dann der positive Beweis.

Das bringt uns zu der schon einmal angedeuteten Problematik, dass die Kritiker der Alleintäterthese vor der unmöglichen Aufgabe stehen, eine These zu widerlegen, die nie belegt worden ist, aber als Fixpunkt der historischen Forschung bis heute Gültigkeit hat. Man muss also die Alleintäterthese widerlegen, die nur in der Welt ist und bis heute überlebt hat, weil Hans Mommsen und das IfZ sie vor sechzig Jahren für richtig befunden haben, unter Umständen, die wir kennengelernt haben. Dies ist ein unhaltbarer und schwer zu ertragender Zustand.

Wir haben in einem früheren Kapitel gesehen, dass Marinus van der Lubbe kurz vor seinem Aufbruch nach Berlin im Februar 1933 Besuch aus Berlin hatte. Gemeinsam verließ man die Stadt Leiden; man könnte auch sagen: van der Lubbe wurde abgeholt. Bei dem Besucher handelt es sich mit allergrößter Wahrscheinlichkeit um Fritz Henssler, Mitglied der Berliner Allgemeinen Arbeiter-Union (AAU), die von Nazis durchsetzt war. Dabei kann es sich um Spitzel gehandelt haben oder um Leute, die zur Tarnung bei den Nazis mitmachten, oder, so möchte man hinzufügen: um beides. Vielleicht wussten es diese Leute selbst nicht so genau. In van der Lubbes Zimmer wurde später auch eine Postkarte von »Fritz« gefunden, die van der Lubbe einlud, nach Berlin zu kommen, eine Einladung zur Teilnahme an revolutionären Aktionen.

In Berlin angekommen, kümmerte sich Friedrich »Fritz« Henssler weiter um van der Lubbe, gemeinsam mit dem Studenten Wilfred van Oven. Diese beiden Mitglieder der AAU gehörten später nachweislich der Nazi-Bewegung an. Henssler trat bereits im August 1933 in den Bund Nationalsozialistischer Juristen ein, wurde im Februar 1934 Mitglied der SA und des Nationalsozialistischen Kraftfahrerkorps; das wäre dann der Tarnung vielleicht doch ein wenig zu viel – Henssler war wohl ein wirklicher Nazi.

Noch überraschender aber ist die weitere Karriere Wilfred van Ovens, der sich auch mal von Oven oder van Owen nannte, jenes Studenten und AAU-Mitglieds, das sich gemeinsam mit Henssler in Berlin um van der Lubbe kümmerte. Ein ehemaliger AAU-Genosse traf ihn zufällig 1935 im Berliner Grunewald – in SS-Uniform, auch das dürfte kaum noch »Tarnung« gewesen sein.

Van Oven machte auf Umwegen NS-Karriere und war schließlich von 1943 bis Kriegsende nichts weniger als der persönliche Adjutant von Joseph Goebbels. Nach dem Krieg versteckte er sich und verdingte sich als Knecht auf einem Bauernhof. Durch einen Leserbrief an den *SPIEGEL* im April 1950 bekam er Kontakt zu Augstein. Dieser lud ihn nach Hannover ein, in den ersten Jahren Erscheinungsort des *SPIEGEL*. Am Ende einer langen Nacht, in der Augstein und van Oven tiefes Vertrauen ineinander fassten, stand eine zukünftige Tätigkeit van Ovens für den *SPIEGEL* als Korrespondent für Lateinamerika.

Ein Mitglied der anarchistischen AAU hatte van der Lubbe aus Holland abgeholt, ein anderes, van Oven, ebenfalls ein Nazi, kümmerte sich in Berlin um van der Lubbe. Dass es diesen Kontakt gab, steht fest. Es waren die Tage vor dem Reichstagsbrand. So wie Fritz Tobias nach dem Krieg zu dem höchstwahrscheinlichen technischen Leiter der Brandstiftung, Hans Georg »Pistolen-Heini« Gewehr, Kontakt hatte und ihn schützte, so hatte Rudolf Augstein Kontakt mit einer Schlüsselfigur bei der Verwicklung van der Lubbes in den Reichstagsbrand, Wilfred van Oven. Ein merkwürdiger, aber unbedeutender Zufall? Wohl kaum.[16]

Im Rahmen der Recherche für dieses Buch bin ich auf eine Radiosendung aus dem Jahre 1967 gestoßen, in der der Urvater der deutschen Publizistikwissenschaften, CDU-Mitbegründer und Mitbegründer der Freien Universität Berlin, Emil Dovifat, den Leiter der preußischen Polizei und engagierten Katholiken Erich Klausener porträtierte. Klausener war in den Wochen zwischen der Machtübertragung an Hitler und dem Reichstagsbrand von Göring aus dem preußischen Innenministerium entfernt worden. Am 30. Juni 1934 wurde er im Zusammenhang mit dem sogenannten Röhm-Putsch erschossen.

In dieser Radiosendung beschreibt Dovifat die folgende Konstellation: »Aus dem Prozess gegen den Mörder Klauseners, einen SS-Mann, der im Jahre 1951 verurteilt wurde, sowie aus Besprechungen des Rechtsanwaltes Kempner mit Göring während des Nürnberger Prozesses wissen wir heute, dass Göring, Himmler und Heydrich die Ermordung veranlasst hatten. Die eine Ursache, Klausener auf die umfassende Mordliste zu setzen, ist sicher die Tatsache, dass Klausener über die illegalen Aktionen Hitlers vor der Machtübernahme genau unterrichtet war und auch in den umstrittenen Zusammenhängen mit der stärksten Propagandafanfare des Jahres 1933, dem Reichstagsbrand, mehr wusste, als dem Regime lieb war. Mir persönlich gegenüber hat Klausener mehrfach angedeutet, wie sehr viel er wisse. Wissen aber ist in Diktaturen immer lebensgefährdend!« Als anderen Grund nennt Dovifat Klauseners Funktion als Leiter der Katholischen Aktion, die ihm gesellschaftlichen und politischen Einfluss verschaffte, was den Nazis natürlich ein Dorn im Auge war. Dem später in der Bundesrepublik verurteilten Mörder Klauseners hatte Heydrich erklärt, Klausener sei ein »gefährlicher Katholik«, der mit dem »Röhm-Putsch verbunden sei«. Klausener wurde in seinem Dienstzimmer erschossen. Heydrich befahl dem Täter, die Tatwaffe Klausener in die Hand zu legen, um so einen Selbstmord vorzutäuschen, obwohl eine Waffe in der Hand eines »Selbstmörders« immer eher für einen Mord spricht, da angesichts der Verletzung und des Rückstoßes einer Waffe diese vom Sterbenden eben nicht festgehalten werden kann.

Der mögliche Einwand, Klausener könne kein Wissen von internen Vorgängen im preußischen Innenministerium im Zusammenhang mit dem Reichstagsbrand haben, da er zwei Wochen vor dem Brand in ein anderes Ministerium versetzt worden war, träfe nicht zu, da Klausener immer Kontakt zu ehemaligen Kollegen gehalten hatte. Denkbar ist sogar, dass es zur Vorbereitung des Reichstagsbrandes gehört haben könnte, unbequeme leitende Personen wie Klausener aus wichtigen Positionen vorher zu entfernen.

Bei den Zeugen, die etwas von der Planung und Durchführung des Reichstagsbrandes mitbekommen haben, handelt es sich sehr oft um weit rechts stehende Politiker und Beamte, aus dem einfachen Grunde, dass sie Funktionen im Staatsapparat ausfüllten, an die in diesen Zeiten linke oder liberale Politiker niemals herangekommen wären.

In diesem Zusammenhang lohnt es sich vielleicht, einmal kurz auf das oft zu hörende Argument einzugehen, dass doch so eine Tat wie das Anzünden des Reichstages schon aufgrund der vielen Mitwisser niemals geheim bleiben könne. Irgendetwas müsse da doch durchsickern. Nun, wie wir gesehen haben, ist ja auch – auf vielen Wegen – einiges »durchgesickert«, allerdings meistens erst nach dem Ende der Nazi-Herrschaft. Vieles ist in diesen zwölf Jahren vergessen worden, viele sind verstorben; teils im Krieg, teils durch kaltblütigen Mord – so wie Erich Klausener, Georg Bell und Ernst Oberfohren, höchstwahrscheinlich wurde auch Karl Ernst aus diesem Grund am 30. Juni 1934 ermordet. Sickert aber wieder einmal etwas durch, wie die Äußerungen von Klausener gegenüber Dovifat oder die eidesstattliche Versicherung von Hans-Martin Lennings, heißt es dann: Fälschung! Oder: Wo sind die Beweise? Das alleine beweist aber nichts!

Wenn aber klar ist, dass es aus brandtechnischen Gründen keine Möglichkeit gibt, dass ein Einzelner den Reichstag, insbesondere den Plenarsaal in wenigen Minuten ohne jedes Hilfsmittel in ein flammendes Inferno verwandeln konnte – braucht es dann eigentlich noch einen »positiven Beweis«, um die Frage als wenigstens ungeklärt anzusehen? Da es aber andere Täter als die Nazis nicht geben kann, unter Zuhilfenahme van der Lubbes aus propagandistischen Gründen, dürfte die Täterschaft der Nazis damit im Grunde feststehen. Für die Nazis kann es in dieser Frage eben keine »Unschuldsvermutung« (Mommsen) geben; dafür sind die Hinweise zu vielfältig, und die Theorie der Alleintäterschaft van der Lubbes ist so oder so widerlegt, und das eigentlich schon lange.

Es ist im Übrigen unrealistisch, nach neunzig Jahren noch einen »positiven Beweis« zu erwarten. Die Möglichkeit, diesen mit der Hilfe noch lebender Zeugen noch zu generieren, ist in den letzten Jahrzehnten vertan worden, auch wenn das Auffinden der eidesstattlichen Versicherung Lennings' durch Hersch Fischler 2019 das Gegenteil zu beweisen scheint. Tobias hatte Lennings in einem Vermerk unter Bezugnahme auf dessen NPD-nahen Bruder zu einem »Fabulierer« gemacht, der gerne »Räuberpistolen« erzähle, der *SPIEGEL* druckte es 2019. Man kann nur hoffen, dass sich noch weitere Dokumente und Aussagen finden lassen.

Ein anderes Beispiel: In seinen Lebenserinnerungen berichtet der aus Ostpreußen stammende Arzt Hans Graf von Lehndorff über einen Menschen namens Georg Bell. Dieser habe zeitweise in seinen Kreisen verkehrt. Lehndorff hatte familiäre Beziehungen zum Reichspräsidenten Hindenburg und wollte diesen über die dramatischen Ereignisse im Zusammenhang mit dem Röhm-Massaker informieren, wurde jedoch zum todkranken Staatsoberhaupt nicht vorgelassen.

Besagter Georg Bell, »ein düsterer, ziemlich unheimlich wirkender Mann« sei wenige Tage nach dem Reichstagsbrand in einer vertrauten Runde erschienen und habe erklärt, dass er um sein Leben fürchte, »weil ihm die näheren Umstände des spektakulären Reichstagsbrandes in allen Einzelheiten bekannt seien«. Man habe, berichtet Lehndorff, Bell bei der Flucht nach Österreich unterstützt, er sei dort jedoch von der SS eingeholt und ermordet worden. Lehndorff berichtet weiter, dass er nachts den Reichstag habe brennen sehen und sich gedacht habe, dass die »Quatschbude« ruhig abbrennen könne. Er sei nicht einmal aus der Straßenbahn ausgestiegen, von der aus er den Brand wahrgenommen habe. Ihm sei aber später klar geworden, dass »der Brand von den Nazis inszeniert war und zum mindesten Göring davon wußte«. Den »schwachsinnigen van der Lubbe« habe »man durch Versprechungen dazu überredet«, den Brand zu legen.

Auf die unendlich vielen Spuren auf andere mögliche Täter haben unter anderem die Autoren Bahar und Kugel hingewiesen. Es gibt weitere. So hat der Autor Heinrich Orb in einem bereits 1945 erschienenen Buch eine Szene aus dem Februar 1933 beschrieben. Es war eine Besprechung von Hitler, Göring und Goebbels, Letztere waren von Hitler vorgeladen worden. Er habe beide wie Schulbuben zusammengestaucht. Hitler sei in Panik gewesen, die kommende Wahl Anfang März zu verlieren, habe gebrüllt, sich mit Schaum vor dem Mund in einem Tobsuchtsanfall auf den Boden geworfen. Nach dem Theater hätten beide den Raum verlassen, und Goebbels soll auf der Treppe zu Göring gesagt haben: »Wir sollten den Reichstag anzünden, dann sind wir unsere Sorgen los.« Man habe sich sofort an die Planung gemacht,

Göring habe zwei Tage alles stehen und liegen gelassen und entsprechende Instruktionen an die SA-Führer Ernst und von Helldorf gegeben. Dies wäre eine Theorie, die besagt, dass es sich zwar um eine Nazi-Planung handelte, Hitler aber nicht eingeweiht war. Belege für diese Theorie gibt es nicht, sie soll aber erwähnt werden, da sie mir in den Unterlagen von Fritz Tobias im Bundesarchiv aufgefallen ist. Tobias hatte sich die entsprechende Stelle aus dem Buch von Heinrich Orb (eigentlich Heinrich Pfeifer) mit dem Titel *13 Jahre Machtrausch* zum Zwecke der Archivierung abgeschrieben, sie jedoch niemals erwähnt. Das Buch ist heute praktisch unauffindbar; doch die Abschrift ist korrekt. Pfeifer arbeitete während der NS-Zeit für das Sicherheitshauptamt unter Werner Best als Agent, geriet in Konflikt mit Reinhard Heydrich und fand sich im Berliner KZ Columbia als »Ehrenhäftling« wieder. Es ist immerhin eine Stimme aus dem Inneren des NS-Apparates, der auf verschiedenen Wegen von diesem Vorgang erfahren haben kann. Natürlich beweist das auch wieder nichts, wie wir wissen, aber wann werden die genannten Institutionen endlich eingestehen, dass sie vielleicht doch unrecht gehabt haben *könnten*?

Sieht man sich im Archiv der *SPIEGEL*-Artikel um, stellt man fest, dass der *SPIEGEL* immer dann eingriff, wenn Argumente und Fakten gegen die Tobias- (und damit gegen die *SPIEGEL-)*These zu große Aufmerksamkeit zu bekommen schienen. Dann erschien umgehend ein Gegenartikel im bekannten *SPIEGEL*-Stil – und die Welt war wieder in Ordnung.

Der vielleicht unangenehmste Beitrag der letzten Jahre in diesem Zusammenhang ist der bereits genannte Artikel von Ernst Piper im *SPIEGEL*, in dem er Wissenschaftler, die immer noch an der Einzeltäterthese zweifeln, im Bereich des

»Obskurantismus« verortet[17]. Der Artikel von Piper endet: »Die internationale Forschung interessiert sich dafür schon lange nicht mehr. So heißt es etwa in Ian Kershaws Hitler-Biografie ganz lapidar: ›Dann zündete Marinus van der Lubbe am 27. Februar 1933 das Reichstagsgebäude an.‹ Nach allem, was wir wissen, ist es genau so gewesen.«

Kershaw ist jedoch kein besonders geeigneter Zeuge für die Alleintäterthese. Er veröffentliche seine Hitler-Biografie 1998, wusste daher auch nichts von den Ereignissen der Sechzigerjahre im IfZ, und er erwähnt weder Hans Mommsen noch Fritz Tobias. Er nannte 2014 Benjamin Carter Hetts Buch eine »peinlich genaue Untersuchung mit überzeugendem Ergebnis«, die er, wenn er noch einmal eine Hitler-Biografie zu schreiben hätte, berücksichtigen würde. Im März 2014 schrieb mir Kershaw, dass er es vermeiden wolle, mit Hans Mommsen, der schließlich Kenner des Stoffes sei, »in einen weiteren, langwierigen, zeitaufwendigen und wohl unergiebigen Streit über die Urheberschaft des Reichstagsbrandes verwickelt zu werden«. In seinem kürzlich veröffentlichten Buch *Der Mensch und die Macht* schreibt Kershaw, dass nie ganz geklärt wurde, wer für den Reichstagsbrand verantwortlich war. Und weiter: »Benjamin Carter Hett äußert in *Der Reichstagsbrand* neuerlich Zweifel an der seit Langem gehegten Überzeugung, der junge holländische Kommunist Marinus van der Lubbe habe den Reichstag allein in Brand gesteckt.«

Im Grunde, das zum Abschluss, ist der negative Beweis seit Jahrzehnten erbracht: durch die Brandgutachten der Sachverständigen im Reichstagsbrandprozess und durch ein zusammenfassendes Gutachten von Klaus Stephan, Professor für Thermodynamik (damals an der TU Berlin), der schon 1970 feststellte: »Es steht außer Frage, daß die früheren Gutachter Josse, Wagner und Schatz in einer Reihe von strittigen Punkten zum Tathergang bei der Brandlegung am 27.2.1933 unterschiedliche Auffassungen vertraten. Trotzdem stimmten sie alle darin überein, daß ein einzelner Täter in so kurzer Zeit und ohne nennenswerte Hilfsmittel ein Großfeuer des beobachteten Ausmaßes nicht entfachen konnte, es sei denn, der Plenarsaal wäre präpariert gewesen. Auch Prof. Kristen und seine Mitarbeiter kamen zur gleichen Schlußfolgerung. Die vorliegende Studie bestätigt, wenn auch auf gänzlich anderem Weg, die früheren Resultate. Da in der Wärmetechnik seit 1933 erhebliche Fortschritte zu verzeichnen sind, brauchten wir uns allerdings nicht in dem Maße wie die früheren Gutachter auf die Erfahrung zu stützen. Wir konnten unsere Untersuchungen vielmehr auf neuere Erkenntnisse und Rechenmethoden aufbauen.« Es folgt eine kurze Zusammenfassung des Geschehens aus thermodynamischer Sicht. »Auf Grund der in dieser Studie gewonnenen Ergebnisse kann es keinen Zweifel darüber geben, daß es unmöglich war, in wenigen Minuten ohne nennenswerte Hilfsmittel den gesamten Plenarsaal in ein Flammenmeer zu verwandeln.«

Dass die beiden für die Entstehung der Alleintäterthese verantwortlichen, sehr unterschiedlichen Institutionen noch immer an ihr festhalten, ja, sie geradezu zu bewachen scheinen (*SPIEGEL*), oder sie zumindest im Raum stehen lassen (Institut für Zeitgeschichte), hat die immer wieder aufflackernde Debatte weiter verhärtet. Wie kann immer noch »wahr« sein, was nicht wahr sein kann?, fragen sich etliche mit der Materie vertraute.

Wohl über kein Thema haben Historiker und Forscher in den letzten Jahrzehnten erbitterter gestritten. Es ging und es geht mir darum, diese Debattenlage zu verändern, zu einer fairen Auseinandersetzung ohne Diffamierung (»Verschwörungstheorie!« versus »Nazi-Entlastung!«) zu kommen, die –

aufgrund vielfältiger Faktoren – noch nie stattgefunden hat. Ich habe mich darum, natürlich, auf die Argumente und Fakten der Kritiker der Alleintäterthese-Vertreter konzentriert. Wäre ich mit der derzeitigen vorherrschenden Sicht der Dinge einverstanden, hätte ich dieses Buch nicht zu schreiben brauchen.

Dieses Buch, egal, ob es etwas in der oben genannten, erhofften Richtung bewegen kann, hätte ohne die teilweise schon wieder Jahre und Jahrzehnte zurückliegenden und bereits benannten Forschungsarbeiten anderer Autoren nicht geschrieben werden können. Ich möchte hiermit all diesen Autoren danken, vor allem deren unfassbarer Geduld und Ausdauer bei der Erforschung einer Fülle bis dahin unbearbeiteter Archivalien – und deren Bereitschaft, ihr Wissen aufzuschreiben und mitzuteilen – mir und anderen.

Bei einem Staffellauf gewinnt nicht der letzte Läufer, der ich auch keinesfalls sein will – es wird und soll, natürlich, auch weitere Läufer geben –, sondern das Team. Dieses Buch, das einen Überblick geben soll, aber keinen Anspruch auf Vollständigkeit erhebt, ist der Beitrag, den ich momentan zu dieser im Grunde kaum nachvollziehbaren jahrzehntealten Debatte leisten kann, und ich kann nur hoffen, dazu beigetragen zu haben, dass wir uns von dem, man entschuldige mir diese Formulierung, ideologisch bedingten Alleintäter-Dogma trennen und uns wirklich mit den Fakten auseinandersetzen, ohne Beleidigung, Diffamierung und Rechthaberei. Der 100. Jahrestag des Ereignisses im Jahr 2033 wäre dabei ein im Auge zu behaltender Termin. Es geht, das sei noch einmal gesagt, um das folgenreichste politische Verbrechen, das man sich nur vorstellen kann: wie eine größenwahnsinnige Mörderbande die absolute Macht über Deutschland errungen hatte, um – bis heute unfassbare – Verbrechen zu begehen.

Anmerkungen

1 Leitspruch: »Durch Kampf geadeltes in Kameradschaft geheiligtes durch Leiden gehärtetes blutsmäßig verbundenes wehrhaftes freiwillig gehorsames Deutschtum: Das ist der Stahlhelm«

2 Haffner spielt hier auf den 4. März 1933, den »Tag der erwachenden Nation«, eine Propaganda-Veranstaltung am Tag vor der Reichstagswahl an.

3 Zitate mit freundlicher Genehmigung von Oliver Pretzel.

4 Am 18. Januar 1956 hatte die Bundeszentrale einen ersten Forschungsbericht des Journalisten Richard Wolff betr. den Reichstagsbrand in einer Beilage zu der Zeitschrift *Das Parlament* veröffentlicht.

5 Alle drei wurden 1934 während des Röhm-Putsches ermordet.

6 Zwei Polizisten, der Hausdirektor des Reichstages und ein Feuerwehrmann

7 Telefonat mit Albrecht Broemme am 19.7.2022.

8 Auch Hans Georg Gewehr wurde im Zusammenhang mit dem »Röhm-Putsch« verhaftet, jedoch nicht erschossen. Er saß einige Wochen im KZ Lichtenburg in Sachsen. Grund war seine Nähe zu Karl Ernst, für den er »bes. Aufträge« ausgeführt habe. Während eines Aufenthalts in einer Polizeischule in Suhl 1935 machte er lt. Aussagen von Zeugen dunkle Andeutungen über den Reichstagsbrand. »Ganz so wie es in den Zeitungen geschildert worden sei, sei es es bei dem Reichstagsbrand doch nicht zugegangen«, soll er gesagt haben. Weiteren Nachfragen wich er aus.

9 Diese Bitte Mommsens hinderte Tobias nicht daran, genau diese Sätze dem Verfassungsschutzpräsidenten Günther Nollau zu übermitteln und ihn darum zu bitten, dies auch einem Kollegen mitzuteilen.

10 Der Ernst-Kruse-Brief ist ein Brief eines SA-Mannes an Hindenburg, in dem er die Brandstiftung durch die Nazis und seine Be-

teiligung beschreibt. Nach Tobias handelt es sich um eine kommunistische Fälschung.

11 Dabei handelt es sich um das bereits erwähnte Buch *Die Kontroverse um den Reichstagsbrand* von Marcus Giebeler, erschienen 2010. Leider ist dieses Buch schwer erhältlich, teuer und praktisch unlektoriert, bräuchte außerdem eine Aktualisierung, hätte aber in jedem Fall eine überarbeitete Neuauflage verdient. Es ist nicht populärwissenschaftlich, aber lesbar und jedem zu empfehlen, der tiefer in die Reichstagsbrandthematik einsteigen will.

12 Die wichtigsten Artikel und Bücher, um sich in das Thema zu vertiefen, werden im Anhang genannt.

13 Ernst Oberfohren, ein durch und durch antidemokratischer Politiker, Fraktionsvorsitzender der DNVP, wird ein Memorandum zugeschrieben, das anonym am 26. und 27. April 1933 vom *Manchester Guardian* abgedruckt wurde. Anfang Mai 1933 wurde Oberfohren tot, mit einer Waffe in der Hand, aufgefunden. Ein Mord an jemandem, der zu viel über den Reichstagsbrand wusste und dies auch publizierte, gilt als wahrscheinlich, aber auch hier wird dieses von der Gegenseite bestritten.

14 2001 schrieb die damalige Institutsleitung in den *Vierteljahresheften für Zeitgeschichte*, dass die von Hersch Fischler zitierten Äußerungen Hans Mommsens aus dem Jahre 1962 »unter wissenschaftlichen Gesichtspunkten« als »völlig inakzeptabel« anzusehen sind.

15 Nach Monaten – und weit nach Redaktionsschluss – erhielt ich doch noch eine E-Mail. Darin heißt es, man sei sich »der Rolle des 1964 publizierten Gutachtens Hans Mommsens zum Reichstagsbrand bewusst und hat diese in Veröffentlichungen auch mehrfach kritisch reflektiert. Gleichwohl gilt für den Reichstagsbrand (wie für viele andere Themen der Zeitgeschichte auch), dass seit vielen Jahren eine sehr offene Debatte geführt wird, in der es weder unumstößliche Gewissheiten noch letztgültige Lehrmeinungen gibt und auch nicht geben kann.« Auf meine Kritik, dass ja nicht Hans Mommsen allein, sondern das Institut für Zeitgeschichte 1964 versagt habe und dass dieses Versagen niemals

eingestanden und die folgenreiche Stelllungnahme Hans Mommsens niemals von Seiten des IfZ in Zweifel gezogen oder gar revidiert worden sei, geht das Institut erneut nicht ein.

16 Hans Mommsen behauptete 1986 in dem schon mehrmals erwähnten Piper-Buch »Reichstagsbrand. Aufklärung einer historischen Legende«, dass Marinus van der Lubbe in Berlin keine engeren »Kontakte zu Leidensgenossen knüpfte« und »Verbindungen zu politischen Gruppen (...) ebensowenig suchte«. Weiter führt Mommsen ohne jeden Beleg aus: »Die nach 1945 über die Urheberschaft am Reichstagsbrand in einer Fülle von Variationen auftauchenden Hypothesen, daß van der Lubbe irgendwie von den Nationalsozialisten gesteuert worden sei, möglicherweise auch in der Form, daß er den nichtinformierten Strohmann zur Abdeckung einer nationalsozialistischen Aktion abgeben sollte, besitzen keinerlei Anhaltspunkte in den Quellen. Sie sind darüberhinaus der Sache nach absurd.« Keine dieser Äußerungen ist belegbar; zutreffend ist das glatte Gegenteil. Van der Lubbe hatte Kontakt, suchte diesen Kontakt, und Mitglieder der AAU suchten den Kontakt zu ihm, lockten ihn geradezu nach Berlin.

17 Obskurantismus: Laut Duden handelt es sich um das »Bestreben, die Menschen bewusst in Unwissenheit zu halten, ihr selbstständiges Denken zu verhindern und sie an Übernatürliches glauben zu lassen«.

Weiterführende Literatur

Alexander Bahar/Wilfried Kugel: Der Reichstagsbrand. Wie Geschichte gemacht wird. Berlin 2001

Alexander Bahar/Wilfried Kugel: Der Reichstagsbrand. Geschichte einer Provokation. Köln 2013

Benjamin Carter Hett: Der Reichstagsbrand. Wiederaufnahme eines Verfahrens. Reinbek 2016

Richard Evans: Verschwörungstheorien des Dritten Reichs. München 2021

Marcus Giebeler: Die Kontoverse um den Reichstagsbrand. Quellenprobleme und historiographische Paradigmen. München 2010

Sven Felix Kellerhoff: Der Reichstagsbrand. Die Karriere eines Kriminalfalls. Berlin 2008

Hans Mommsen, Fritz Tobias, Uwe Backes, Henning Köhler, Karl-Heinz Janßen und Eckhard Jesse: Der Reichstagsbrand. Aufklärung einer historischen Legende. München 1986

Hans Schneider: Neues vom Reichstagsbrand? Eine Dokumentation. Ein Versäumnis der deutschen Geschichtsschreibung. Mit Beiträgen von Iring Fetscher, Dieter Deiseroth, Hersch Fischler und Wolf-Dieter Narr. Berlin 2004

Fritz Tobias: Der Reichstagsbrand. Legende und Wirklichkeit. Rastatt 1962

Fritz Tobias und Fred Duswald: Polit-Kriminalfall Reichstagsbrand – Legende und Wirklichkeit. Tübingen 2011

Register